365 매일매일
나를 위한 하루 선물

365 매일 매일
나를 위한 하루 선물

초판 1쇄 인쇄 2020년 11월 1일
초판 1쇄 발행 2020년 11월 5일

지은이   서동식
펴낸곳   함께북스
펴낸이   조완욱
등록번호   제1-1115호
주소   412-230 경기도 고양시 덕양구 행주내동 735-9
전화   031-979-6566~7
팩스   031-979-6568
이메일   harmkke@hanmail.net

ISBN 978-89-7504-747-3 04320

365 매일매일
나를 위한 하루 선물

365 days a day present

서동식 지음

함께
BOOKS

365 days
a day present

　이 책은 온전히 나를 위한 지식과 교훈, 마음의 위로와 긍정적인 에너지를 줄 수 있는 글귀들로 이루어져 있습니다. 딱딱한 지식들은 잘게 잘라 나누었고 그 사이로 스스로를 위로하고 일으켜 세울 수 있는 문구들로 채웠습니다.

　이 책의 글들은 때로는 당신을 채찍질하고 때로는 당신의 마음을 위로하고 용기를 줄 것입니다. 당신을 즉각적으로 변화시키거나 당신의 삶을 한순간에 극적으로 바꾸지는 못할 것입니다. 다만 당신이 이전보다 더 긍정적인 마음과 목표의식을 가지고 살아갈 수 있게끔 매일 당신에게 용기를 주고 당신의 내면에 힘을 보태어 줄 것입니다. 긍정적인 믿음에 믿음을 더하고 더 나은 삶을 꿈꾸게 할 것입니다.

　이 책이 당신을 성장시키고 행복한 인생을 창조할 좋은 기회가 되기를 진심으로 바랍니다.

winter

성실한 하루하루가 행복한 인생을 만든다

인생의 날씨

햇빛은 달콤하고, 비는 상쾌하고, 바람은 시원하며, 눈은 기분을 들뜨게
만든다. 세상에 나쁜 날씨란 없다. 서로 다른 종류의 좋은 날씨만 있을
뿐이다.

존 러스킨

기분이 좋지 않은 날에는 구름 한 점 없는 맑은 하늘이 그렇
게 보기 싫을 수가 없습니다. 환한 미소를 지으며 지나가는 사
람들의 모습도 왠지 보기가 싫지요. 하지만 기분이 좋은 날에
는 잔뜩 구름 낀 흐린 날씨도 마음에 듭니다.

인생에서 일어나는 일들도 날씨처럼 자신의 마음에 따라 좋
거나 나쁘거나 할 따름입니다. 어떤 시각으로 보느냐에 따라
좋은 날씨가 되기도 하고, 나쁜 날씨가 되기도 하는 것입니다.

오늘 당신의 날씨는 어떻습니까?

나를 변화시키는 하루 확언
내 마음은 인생의 날씨에 관계없이 늘 행복하다.
내 마음은 언제나 따뜻하고 화창한 봄날이다.

인과율의 법칙

사람이 무엇으로 심든지 그대로 거두리라.

갈라디아서 6장 7절

인생이란 농사를 짓는 것과 같이 심고 거두는 일입니다. 아무것도 심지 않고는 어떤 열매도 맺을 수 없습니다. 선하고 풍성한 열매를 맺고자 한다면 긍정적인 생각과 선한 행동을 충분히 뿌려야 합니다. 하지만 악한 마음을 품고 다른 사람에게 상처를 입히거나 세상에 해악을 끼치는 일을 한다면 결코 인생의 좋은 열매를 맺을 수 없습니다.

당신을 위해 선한 씨앗을 뿌리세요. 항상 감사와 사랑으로 선한 생각과 행동의 씨앗을 뿌리세요. 작은 씨앗 하나가 몇 십, 몇 백배의 열매를 거두듯이 당신이 뿌린 선한 씨앗은 언젠가 상상 이상의 풍성한 열매를 맺을 것입니다.

나를 변화시키는 하루 확언
내가 뿌린 씨앗은 결국 나에게 되돌아온다.
나는 항상 선한 씨앗을 뿌려 나를 위한 좋은 열매들을 예비한다.

내면의 소리에 귀를 기울여라

"어째서 우리는 마음의 소리에 귀를 기울여야 하는 거죠?"
"그대의 마음 안에 그대의 보물이 있기 때문이지."

파울로 코엘료, 『연금술사』중에서

소망과 열정은 머리에서 나오는 것이 아니라 가슴에서 나오는 것입니다. 우리의 영혼이 무엇을 가장 원하는지, 어디로 가야하는지 알기 위해서는 내면의 소리에 귀를 기울여야합니다.

사람들은 자신이 가야 할 길을 알기 위해 고민하지만 인생의 지도는 이미 우리 마음속에 있습니다. 내면의 소리에 귀를 기울이세요. 당신의 마음이 말하는 소리를 따라가 보세요.

당신의 마음이 이끄는 곳에 당신을 위해 준비된 신의 선물이 준비되어 있을 것입니다.

나를 변화시키는 하루 확언

인생의 지도는 이미 내 마음 안에 있다.
나는 항상 내면의 소리에 맞추어 지혜롭게 인생의 길을 개척한다.

가장 중요한 사람

누구나 위대한 사람이 될 수 있다.
왜냐하면 누구나 남에게 필요한 존재가 될 수 있기 때문이다.

마틴 루터킹

세상에 중요하지 않은 사람은 없습니다. 모든 축복과 기회는 사람으로부터 오는 것입니다.

세상에서 가장 강한 사람이라도 세상에서 가장 약한 사람에게 도움을 청할 때가 있는 법입니다. 눈앞의 사람이 지금 가난하고 비천한 처지에 있다 하더라도 그를 존중하고 소중히 대하세요. 언젠가는 그가 당신에게 날개를 달아줄 사람이 될지도 모를 일입니다.

모든 사람을 소중히 여기고 존중하세요. 지금 당신 앞에 있는 사람이 당신에게 가장 소중하고 중요한 사람입니다.

나를 변화시키는 하루 확언
모든 축복과 기회는 사람으로부터 온다.
지금 이 순간, 내게 축복과 기회를 줄 사람들이 몰려오고 있다.

변화의 필요성

아무것도 변하지 않을지라도, 내가 변하면 모든 것이 변한다.

오노레 드 발자크

당신이 지금까지 해왔던 대로 계속한다면 당신은 지금까지 얻었던 것만을 얻을 수 있을 것입니다.

지금까지와는 다른 삶, 더 높고 귀한 삶의 질을 얻고자 한다면 가장 먼저 자신이 변화해야만 합니다. 자신이 변화하지 않고 원하는 변화된 삶을 얻을 수는 없기 때문입니다. 변화를 추구하고 변화를 선택하십시오.

인생의 모습 또한 변화된 당신에게 맞추어 변화될 것입니다.

나를 변화시키는 하루 확언

나는 매일 긍정적으로 변화하고 있다.
나는 매일 더 성장하고 발전하고 있다.
나의 변화가 내 삶의 질을 높인다.

미래는 내 안에 있다

당신의 가슴 속에 당신 운명의 별이 있다

요한 크리스토프

당신의 미래는 당신 안에 잠들어 있습니다. 그리고 그 미래의 종류는 당신이 할 수 있는 선택들만큼이나 많습니다. 어떤 미래를 선택할지는 오직 당신의 결단에 달려있습니다.

인생을 창조하는 모든 비밀은 외부가 아닌 당신의 마음 안에 있습니다. 당신의 삶은 결코 다른 사람에 의해 주어진다거나 결정되지 않습니다. 인생의 모습과 가고자하는 방향을 정하는 것은 언제나 당신의 선택입니다.

미래는 운명의 손이 아니라 당신의 손에 달려있다는 것을 명심하세요.

나를 변화시키는 하루 확언

미래는 내 안에 있다.
나는 내 인생을 변화시킬 힘을 가지고 있다.
나는 내 삶을 원하는 대로 만들어 나갈 능력이 있다.

고난과 함께 오는 능력

비록 삶은 고난으로 가득하지만
사람은 그 모든 고난을 극복할 수 있는 힘을 가지고 있다.

헬렌 켈러

신은 우리에게 극복할 수 없는 고난과 시련을 주시지 않습니다. 그것은 고난을 주실 때에 극복할 기회와 능력도 함께 주시기 때문입니다. 당신이 지금 겪고 있는 고통이 무엇이라도 당신에게는 분명히 이겨낼 힘이 있습니다.

스스로 이겨낼 수 있다고 믿기만 한다면 당신을 도울 사람들과 당신을 위해 준비된 선물들이 찾아올 것입니다.

나를 변화시키는 하루 확언
나는 나를 믿는다.
나는 어떤 고난과 역경도 이겨낼 힘이 있다.
나는 어떤 시련도 이겨낼 능력이 있다.

자신감을 가져라

머리에서 발끝까지 당신을 빛나보이게 하는 것은 자신감이다.
당당하게 미소 짓고, 괜한 초조함으로 말을 많이 하지 않으며,
어깨를 쭉 펴고 활기차게 걷는 것만으로도 충분히 자신감을 얻는다.

데일 카네기

무엇이든 성취할 수 있다는 자신감, 이러한 열의 없이 위대한 일이 성취된 예는 없습니다. 어떤 일을 하든지 자신감이 없으면 자신이 가진 능력을 온전히 발휘할 수 없습니다.

기가 죽어 이리저리 눈치만 보지 마세요. 자신이 제대로 일을 하고 있는지 불안한 마음으로 초조해 한다면 잘 할 수 있는 일도 제대로 할 수 없습니다.

자신감을 가지세요. 당신은 하고자 하는 일을 완벽히 해낼 수 있는 가능성과 능력을 갖추고 있습니다.

나를 변화시키는 하루 확언
나는 무엇이든 할 수 있다. 나는 어떤 일이든 이룰 수 있다.
내게는 불가능한 것이 없다.

당신의 인격이 소리치고 있다

사람의 가치를 직접 드러내는 것은 재산도 지위도 아닌 그의 인격이다.
드니아미엘

우리는 다른 사람들에게 호감을 주는 인상을 주기 위해 노력합니다. 그래서 때로는 실제 본모습과는 다른 가식적인 모습을 보여주기도 합니다. 하지만 그러한 행동은 언제나 한때일 뿐입니다. 인격이 올바르지 못한 사람은 언젠가는 그 본질이 드러나기 마련입니다. 아무리 겉으로 달콤한 말을 하더라도 내면의 인격이 너무나 크게 소리치고 있어서 사람들의 귀에는 결국 들리지 않을 것입니다.

잠깐의 가식으로 좋은 이미지를 만들려고 하기보다는 내면의 인격을 갈고 닦는 일에 노력을 기울이세요. 당장 눈에 보이지 않더라도 훌륭한 인격은 언젠가 반드시 빛을 보기 마련입니다.

나를 변화시키는 하루 확언
나는 항상 훌륭한 인격을 갖추기 위해 노력한다.
오늘 갈고 닦은 나의 인격은 언젠가 반드시 빛을 보게 될 것이다.

주는 사람이 되자

주라, 그리하면 너희에게 줄 것이니
곧 후회되어 누르고 흔들어 넘치도록 하여 너희에게 안겨 주리라.
너희의 헤아리는 그 헤아림으로
너희도 도로 헤아림을 받을 것임이니라.

누가복음 6장 37~38절

사람들은 받는 사람들을 부러워하지만, 신은 주는 자가 복이 있다고 말합니다. 그것은 자신의 것을 나누어 주는 사람에게는 그 이상의 축복이 있을 것이기 때문입니다. 다른 사람들을 헤아리고 아껴주는 그 마음만큼 신이 그를 아끼고 사랑하기에 주는 자에게는 언제나 신의 가호가 함께할 것입니다.

빌리고 받는 자가 아닌, 주는 자가 되십시오. 당신이 이웃과 세상을 위해 나누어 준 것들은 넘치도록 풍성해져서 당신에게 되돌아올 것입니다.

나를 변화시키는 하루 확언
나는 받는 자가 아닌 주는 자가 될 것이다.
나는 풍성히 나누고 베푸는 자가 될 것이다.

부드럽게 말하자

딱딱하게 굴면 손님이 끊긴다.
딱딱한 이빨보다는 부드러운 혀가 오래 살아남는다.
무엇이든 부드러워서 나쁜 것은 없다.
흙도 부드러운 것이 좋은 것이다.
겉흙이 딱딱하면 물과 공기가 흙속으로 잘 스며들지 못한다.
속흙이 딱딱하면 뿌리가 뻗는데 힘을 너무 소모하기 때문에
나무가 잘 자라지 못한다.

이완주, 『흙을 알아야 농사가 산다』 중에서

고압적이고 냉소적인 태도로 사람들을 대한다면 누구도 좋아하지 않습니다. 누구나 친절하고 부드러운 사람을 더 좋아하고 신뢰하기 마련입니다.

혹시 당신도 자신도 모르게 딱딱한 태도로 사람들을 대하지는 않았는지 곰곰이 생각해 보세요.

나를 변화시키는 하루 확언
나는 여유를 갖고 사람들을 대한다.
나는 사람들을 편하게 해주는 능력을 가졌다.
지금 이 순간 내 주변으로 좋은 사람들이 몰려들고 있다.

당신은 고귀한 존재이다

너는 너이기 때문에 특별하단다.
특별함에는 어떤 자격도 필요 없으며
너라는 이유 하나만으로 충분하단다.

맥스 루카도

　신을 믿지 않는 사람일지라도 가끔 자연의 신비 속에 감추어진 우주의 창조자 조물주의 능력에 놀라워하곤 합니다. 하지만 더욱 놀라운 사실은 신비로움으로 가득한 이 우주도 오직 인간을 위해 만들어졌다는 사실입니다.

　인간은 자연의 경이로움 앞에 압도되지만 정작 신과 이 우주는 우리 하나하나의 영혼에 더 감탄합니다.

　우리를 하찮게 보고 낮게 보는 것은 언제나 우리 자신입니다. 신과 우주가 당신을 바라보는 눈으로 자신을 바라보세요. 거대한 자연의 신비로움 그 이상의 경이로움과 신비가 당신 안에 잠들어 있습니다. 자신의 가치를 올바른 눈으로 바라보세요.

　당신은 세상에 단 하나뿐인 특별하고 고귀한 존재입니다.

나를 변화시키는 하루 확언
나는 세상에서 하나밖에 존재하지 않는 매우 특별한 존재이다.
나는 고귀하고 가치 있는 존재이다.

두려움의 근원

우리가 느끼는 두려움은 대부분 스스로 머릿속에서 만들어 낸 창작품입니다. 다만 그걸 깨닫지 못하는 것뿐이죠.

로랑 구넬, 『가고 싶은 길을 가라』 중에서

두려움은 상황이나 환경에 있는 것이 아닙니다. 현재의 상황을 바라보는 우리의 마음이 두려움을 창조해 내고 있는 것입니다. 최악의 상황을 상상하며 있을 수 없는 일을 가정하고, 부정적인 말을 하며, 스스로 두려움을 생산하고 있는 것입니다. 두려움을 만들어 내는 것은 자기 자신이라는 것을 인지하세요.

두려움을 만들어 내는 것이 우리 자신이듯이 두려움을 사라지게 할 수 있는 것 또한 결국 우리 자신뿐이라는 것을 명심하세요.

나를 변화시키는 하루 확언
두려움은 나의 영역 안에 있다.
나는 모든 두려움을 지배한다.
나는 모든 두려움을 이겨낼 힘을 갖고 있다.

누구에게나 처음은 힘들다

처음 걸으려고 할 때는 넘어졌다. 처음 수영하려고 할 때는 물에 빠져 죽을 뻔했다. 실패를 두려워하지 마라. 시도조차 하지 않음으로써 놓치게 될 기회를 걱정하라.

오리슨 스웨트 마든

제가 아는 한 친구는 꾸준한 웨이트 트레이닝을 통해 정말 멋지고 근사한 몸매를 지니게 되었습니다. 그러던 그가 검도에 매력을 느껴 검도를 시작하게 되었습니다. 그는 자신감을 가지고 검도장을 찾았으나 검도를 시작한 첫날, 그는 자신감을 잃어버렸습니다. 검도장에서의 그는 그저 몸이 좋은 근육질 초보에 불과했습니다.

당신이 무언가를 처음 시작할 때, 당신은 남들보다 자신이 부족하다고 느낄 수 있습니다. 하지만 그것은 당신이 부족한 것이 아니라 단순히 처음 경험하기 때문일 뿐입니다. 누구에게나 처음은 어려운 법입니다. 누구나 적응하고 숙달되기까지는 충분한 시간이 필요합니다. 두려워하지 말고 처음의 어려움을 이겨내세요.

나를 변화시키는 하루 확언
내가 부족한 것이 아니라 처음이라서 어려운 것뿐이다.
나는 모든 처음의 어려움을 이겨낼 수 있다.

습관(習慣)

당신이 반복적으로 하는 행동, 그것이 바로 당신 자신이다.
그러므로 탁월함은 행동이 아니라 습관이다.

아리스토텔레스

한 사람이 가지고 있는 습관은 매우 다양합니다. 아주 사소한 행동 습관부터 사고방식이나 학습 습관 같은 정신적이면서 중요한 습관들도 있습니다.

습관은 제2의 천성입니다. 때문에 우리의 다양한 습관들은 사소한 것이든 중요한 것이든 우리 자신이 인식하지 못하는 사이에 우리에게 많은 영향력을 끼칩니다. 우리는 스스로 좋은 습관은 발전시키고 나쁜 습관은 우리의 인생에 더 큰 악영향을 끼치기 전에 제거해야 합니다.

반복적인 행동이 습관이 되고 습관이 바로 우리의 운명을 만든다는 것을 기억하세요.

나를 변화시키는 하루 확언
나는 적극적으로 습관을 통제하고 관리한다.
나는 좋은 습관은 기르고 나쁜 습관은 제거한다.

꿈, 그 자체가 희망이다

아름다운 꿈을 지녀라.
그리하면 때 묻은 오늘의 현실이 순화되고 정화될 수 있다.
먼 꿈을 바라보며
하루하루 마음에 쌓이는 때를 씻어나가는 것이 곧 생활이다.
아니, 그것이 생활을 헤치고 나가는 힘이다.
이것이야말로 나의 싸움이며 기쁨이다.

라이너 마리아 릴케

꿈이 없는 사람은 하루하루 쌓이는 인생의 무게에 짓눌려 시간이 흐를수록 희망을 잃어갑니다. 꿈은 그 자체만으로도 사람에게 희망을 줍니다. 꿈은 더 나은 삶의 가능성입니다.

아름다운 꿈을 품으세요. 당신에게 희망과 미래를 선물할 가장 아름다운 꿈을 가지세요.

나를 변화시키는 하루 확언
나에겐 그 무엇보다 아름다운 꿈이 있다.
나의 꿈은 내 미래에 대한 가능성이다.
나의 꿈은 나를 행복으로 인도한다.

인내((忍耐)

꾸준히 참는 사람에게는 반드시 성공이라는 보수가 주어진다.
잠겨 있는 문이 한 번 두드려서 열리지 않는다고 돌아서서는 안 된다.
오랜 시간 동안 큰 소리로 문을 두드려 보라.
누군가 단잠에서 깨어나 문을 열어 줄 것이다.

헨리 워즈워스 롱펠로

인내만큼 인간에게 필요한 능력이 있을까요?

신이 인간에게 주는 고난 대부분이 인내를 기르게 하기 위함입니다. 큰 꿈을 가진 사람에게 견디기 어려운 역경과 시련을 주시는 것 또한 꿈을 이루기 위해서 반드시 필요한 것이 인내이기 때문입니다.

인내야말로 가장 큰 재능입니다. 뛰어난 재능과 좋은 환경이 뒷받침이 된다하여도 인내가 없다면 아무것도 이룰 수 없습니다. 어떤 장애물도 포기하지 않는 인내 앞에서는 결국 무너지기 마련입니다. 좌절과 포기의 순간, 다시 한 번 더 인내하고 인내하세요.

나를 변화시키는 하루 확언
나는 인내하는 사람이다. 나는 어떤 고난에도 포기하지 않는다.
나는 끝까지 인내하여 원하는 삶을 이루어 낼 것이다.

세상을 아름답게 만드는 말

그 날, 나는 누군가에게 미소 짓기만 해도
베푸는 사람이 될 수 있다는 것을 배웠다.
그 후 세월이 흐르면서
따뜻한 말 한마디, 지지한다는 의사표기 하나가
누군가에게는 고마운 선물이 될 수 있다는 것을 알았다.

마야 안젤루, 『나는 멋지고 아름답다』 중에서

세상을 변화시키려는 많은 사람들이 있습니다. 위대한 그들의 정신과 행동은 세상을 더욱 아름답게 만듭니다. 그들의 모습은 우리를 부끄럽게 하기도하고 때로는 그들처럼 되고 싶다는 소망을 갖게도 합니다. 하지만 세상을 변화시키는 일은 마음만큼 쉽지가 않은 일이죠.

우리에게는 그들처럼 살아갈 용기가 아직은 없을지 모릅니다. 하지만 상냥한 태도로 사람들을 대하고 친절의 말 한마디로 누군가의 하루를 행복하게 하는 일에는 그리 큰 용기가 필요치 않습니다. 지금 당장이라도 할 수 있는 일이죠.

당신도 그들처럼 세상을 아름답게 할 수 있습니다.

나를 변화시키는 하루 확언
나는 늘 상냥하고 친절한 태도로 사람들을 대한다.
나는 상냥한 말로 사람들을 편하게 한다.

실수가 만들어내는 아름다움

"조금 걱정이 되네요."
"뭐가요? 제가 실수를 할까 봐요. 탱고는 실수할 게 없어요.
인생과는 달리 단순하죠. 탱고는 정말 멋진 거예요.
만일 실수를 한다면 스텝이 엉키겠죠. 그게 바로 탱고죠. 다시 한 번 해
봅시다."

영화 〈여인의 향기〉 중에서

우리는 살아가면서 정말 많은 실수를 합니다. 때로는 어떻게 내가 그런 바보 같고 멍청한 실수를 저지를 수 있었는지 도저히 이해할 수 없을 때도 있습니다. 당장이라도 기억 속에서 지우고 싶은 창피한 기억들을 누구나 하나쯤은 가지고 있을 것입니다. 하지만 사소한 실수로 얻은 작은 지식이 인생의 결정적인 순간에 큰 힘을 발휘하여 우리를 위험에서 구해내기도 합니다. 실수를 두려워하지 마세요. 어떤 실수든 반드시 우리에게 꼭 필요한 경험입니다. 지금의 실수가 어떻게 당신의 인생을 더욱 풍성하고 아름답게 만드는지 지켜보세요.

나를 변화시키는 하루 확언
실수는 나에게 유익한 경험과 지혜를 안겨준다.
나는 실수를 통해 더욱 성장하고 발전한다.

천국과 지옥

세상을 어떻게 바라볼지 유의하라.
그것이 곧 그대의 세상이므로

에리히 헬러

우리는 우리가 진실이라고 믿는 것을 보게 됩니다. 생각을 먼저 지배하는 것은 우리 자신들일지라도 그 다음에는 생각이 우리를 지배하게 됩니다. 우리는 보는 것을 믿는 것이 아니라, 믿고 있는 것을 눈으로 보게 되는 것입니다.

당신이 어떻게 바라보느냐에 따라 세상은 그 모습을 달리합니다. 마음은 자신만의 공간을 가지며, 당신이 어떤 믿음을 갖느냐에 따라 세상은 천국도 지옥도 될 수 있습니다. 만일 세상이 더욱 발전해 가고 무한한 기회로 가득 차 있다고 믿는다면, 실제로 세상도 당신에게 그러한 모습으로 다가올 것입니다.

세상을 바라보는 당신의 마음이 곧 세상의 모습을 결정짓는다는 것을 항상 명심하세요.

나를 변화시키는 하루 확언
세상은 나를 위해 준비된 기회로 가득 차 있다.
세상은 나의 꿈과 행복을 실현할 이상적인 세계이다.

불필요한 근심에서 벗어나라

백 년도 못 사는 인간이 천 년의 근심으로 산다.

한산

우리는 살아가면서 단 하루도 걱정하고 근심하지 않는 날이 없습니다. 어떤 사소한 문제라도 어느 정도의 걱정거리는 늘 안고 살아갑니다. 하지만 어느 때에는 필요 이상의 근심을 안고 살아가기도 합니다. 굳이 하지 않아도 될 걱정을 하면서 많은 에너지를 소모합니다.

우리는 지금 해결해야 할 문제를 눈앞에 두고도 10년, 20년 후에나 있을 법한 문제를 고민하기도 합니다. 그때까지 살아 있을지조차 알 수 없는데도 말이죠.

불필요한 근심에서 벗어나세요. 무의미한 걱정들을 이제 그만 멈추세요. 지금부터는 당신의 소중한 에너지를 걱정과 근심이 아닌 꼭 필요한 곳에 투자하세요.

나를 변화시키는 하루 확언
나는 불필요한 근심에서 벗어났다.
나는 이제 더 이상 무의미한 걱정을 하느라고 인생을 낭비하지 않는다.

자신에게 질문하라

질문하는 사람은 답을 얻는다.

카메룬 속담

질문의 수준이 생각의 수준을 좌우하게 됩니다. 질문은 정말 초강력 영향력을 가집니다. 우리가 어떤 답을 찾느냐의 문제는 어떤 질문을 하느냐에 달려있다고 해도 과언이 아닙니다.

올바른 질문은 올바른 답을 이끌어옵니다. 하지만 올바른 질문을 하기 위해서는 끊임없이 자신에게 수많은 질문을 던져보아야 합니다. 스스로에게 질문하는 습관을 가져보세요.

올바른 질문이 생각의 수준을 높여줄 것입니다.

나를 변화시키는 하루 확언

모든 답은 이미 내 안에 있다.
질문은 내 안의 답을 찾는 가장 현명한 방법이다.
나는 항상 올바르게 질문하고 올바른 답을 찾아낸다.

내면에 숨은
진실한 소망을 발견하라

성공에 이르는 첫걸음은 진정으로 자신이
무엇을 바라고 있는지 발견하는 일이다.

임마누엘 칸트

우리는 자신이 진정으로 원하는 것이 무엇인지, 자신의 내면에 숨어 있는 가장 간절한 소망이 무엇인지 찾아내야 합니다. 내면에 감추어진 소망이야말로 우리의 영혼이 가장 바라고 원하는 일이기 때문입니다.

지금 당신이 진정 바라는 것이 무엇인지 혼란스럽다면 조용히 침묵 속에서 당신의 내면을 바라보세요.

당신이 진실로 바라고 있는 것이 무엇인지 천천히 인내심을 갖고 찾아보세요.

나를 변화시키는 하루 확언

내가 무엇을 원하는지 내 마음은 알고 있다.

나는 주의 깊게 나의 내면을 관찰한다.

나는 내가 진정 바라고 원하는 것이 무엇인지 발견하게 될 것이다.

당신은 성공할 운명을 타고 났다

성공하느냐 실패하느냐는 다른 사람이 아닌 내가 하는 일이다. 내가 바로 힘이다
나는 내 앞의 장애물을 걷어낼 수도 있고 미로 속에서 길을 잃을 수도 있다. 오로지 내 선택의 문제이며 전적으로 내 책임이다.

일레인 맥스웰

당신은 성공할 운명을 타고났습니다. 당신은 운명의 힘에 이끌려 성공할 수밖에 없습니다. 당신은 실패하고 싶어도 실패할 수 없습니다. 왜냐하면 당신의 운명은 성공하는 것이기 때문입니다. 당신은 결코 실패할 수 없습니다. 당신은 오로지 성공만을 할 수 있습니다.

지금 크게 소리쳐 보십시오.

"나는 성공할 운명을 타고났다. 나는 성공할 운명을 타고났기에 오직 성공할 수밖에 없다!"

나를 변화시키는 하루 확언
나는 성공할 운명을 타고났다.
나는 성공을 피할 수 없다. 성공은 나의 운명이다.

목표를 가져라

"고양이야, 여기에서 이제 내가 어디로 가야 하는지 가르쳐다오."
"그건, 네가 어디에 가고 싶으냐에 따라 달라지지."
"어디든 상관없어."
"그럼, 아무데로나 가도 되잖아."
그러자 앨리스는 다음과 같이 다시 물었다.
"그래, 어디든 아무데나 가기만 하면 돼."
그러자 고양이는 이렇게 대답했다.
"그래, 그러면 어디든 가게 되겠지. 그 곳이 어딘지는 모르지만."

루이스 캐럴, 『이상한 나라의 앨리스』 중에서

당신의 삶도 이 이야기와 같지 않습니까?

목표가 없다면 인생이 어디로 흘러가는지 알 수 없습니다.

목표에 대한 중요성은 아무리 강조해도 지나치지 않습니다.
무엇보다 당신이 가야할 길을 분명하게 정하세요. 세상은 자신
이 가고자 하는 길을 아는 사람에게만 길을 열어주는 법입니다.

나를 변화시키는 하루 확언
나는 이제 인생의 방황을 끝내고 분명한 목표를 가질 것이다.
나는 내가 가고자 하는 방향으로 인생을 이끌어 갈 것이다.

성공한 사람들을 벤치마킹하라

성공하는 사람들이 행한 일을 지속적으로 따라 행한다면,
세상의 그 어떤 장애물도
당신이 성공적인 인물이 되는 것을 막지 못할 것이다.

브라이어 트레이시

자기 계발 분야에서 많은 사람들이 관심을 갖고 공부하는 성공학은 나폴레온 힐이 부자들의 성공 비결을 탐구하여 확립된 학문입니다.

나폴레온 힐이 성공학을 연구하게 된 배경은 성공한 사람들의 생활철학과 행동을 배우고 익히면 그들처럼 성공에 이를 수 있을 것이라는 생각에서였습니다. 그리고 실제로 사람들이 그들처럼 생각하고 행동하자 차츰 부를 축적하게 되었고, 이것이 성공학 분야가 급격히 성장하게 된 계기가 되었습니다.

성공한 사람들을 관찰하고 분석해 보세요. 그들의 장점들과 인생에 대한 긍정적인 태도를 당신의 것으로 만든다면 당신도 그들처럼 성공할 수 있을 것입니다.

나를 변화시키는 하루 확언
나는 성공한 사람들의 다양한 장점들을 보고 배운다.
나는 그들의 모든 장점들을 내 것으로 만든다.

성실한 사람은 기회를
스스로 만들어낸다

흔히 행운의 여신은 눈이 멀었다고 불평하지만,
인간만큼 눈이 멀지는 않았습니다.
바람과 파도는 유능한 항해사의 편이듯
행운의 여신은 언제나 근면한 사람 곁에 있습니다.

새뮤얼 스마일즈

목표가 명확하고 성실한 사람에게는 기회가 자진해서 그들
을 찾아오기 마련이지요. 게으름을 피우며 어떤 목표도 없이
미래를 준비하지 않는 사람에게는 좋은 기회가 주어지지 않습
니다. 또한 그들에게 돌아가는 기회란 전혀 매력적이지 않아
서 기회라고 부를 수도 없을 정도입니다.

매력이 넘치는 기회다운 기회는 언제나 성실하고 열정적인
사람들을 찾아다닙니다. 명확한 목표를 세우고 성실히 미래를
준비하여 매력적인 기회가 찾아 올 수 있는 사람이 되세요.

나를 변화시키는 하루 확언
지금 이 순간 최고의 기회가 나에게 오고 있다.
나는 성실함으로 미래를 준비하여 매력적인 기회를 잡는다.

영감(靈感)

샤워를 해본 사람이라면 샤워 중 불현듯 떠오르는 아이디어를 경험한 일이 있을 것이다.
뭔가를 이뤄낸 사람은 그 아이디어를 실천으로 옮긴 사람이다.

놀란 부시넬

세계적인 영화감독인 스티븐 스필버그는 운전할 때 항상 메모지를 챙겼습니다. 왜냐하면 그는 운전을 하는 중에 영화와 관련된 영감을 많이 얻었기 때문입니다. 또한 아인슈타인은 샤워를 하는 중에 많은 영감을 얻었다고 합니다. 그는 샤워를 하는 중에는 메모지를 챙길 수 없었기 때문에 "왜 하필 샤워 중에 좋은 생각이 떠오르느냐"며 심하게 짜증을 내기도 했답니다.

영감은 어떤 일에 충분히 집중하고 난 다음 긴장이 풀렸을 때, 순간적으로 찾아오는 경우가 많습니다.

당신을 찾아온 영감을 놓치지 마세요. 순간적으로 떠오르는 영감이 도망가지 못하도록 꼭 붙잡으세요. 어쩌면 찰나의 순간 당신의 머릿속에 떠오른 순간적인 영감이 인생의 터닝 포인트가 될지도 모를 일입니다.

나를 변화시키는 하루 확언
나는 순간적으로 떠오른 영감을 놓치지 않는다.
나는 그 영감으로 새로운 기회를 만들어 낸다.

나 자신과의 싸움에서 이기자

"사람들은 내가 성공한 14번의 등정만을 말합니다.
하지만 나는 그것을 이루기 위해 경험한 수많은 실패를 생각합니다.
사람들은 기록을 세운 산악인 엄홍길 만을 봅니다.
하지만 나는 나와 함께 산을 오르다가 숨겨간 동료들을 생각합니다.
사람들은 히말라야 고봉과 나의 싸움을 보지만, 나는 나 자신의 싸움을
봅니다.
나 자신과 싸워 이기는 것이야말로 진정한 성공이기 때문입니다."

엄홍길, 산악인

언제나 우리가 추구하는 변화의 대상은 우리 자신이 되어야
합니다. 다른 어떤 경쟁자나 상황이 아닌 자신과 싸워 이기는
것이 가장 큰 승리이자 궁극적인 목표를 성취하는 유일한 길이
라는 것을 명심하세요.

자신에게 지지 마세요. 당신은 자신과의 치열한 투쟁에서
반드시 승리하길 바랍니다.

나를 변화시키는 하루 확언
나는 나 자신과의 싸움에서 반드시 승리할 것이다.
나는 포기하지 않는다. 끝까지 싸워 목표를 성취할 것이다.

투덜대지 말고 해결책을 찾아라

어둡다고 불평하는 것보다
작은 촛불을 하나라도 켜는 것이 더 낫다.

공자

우리에겐 언제나 문제가 있습니다. 문제가 없는 인생이란 없으며 또한 문제가 없는 순간도 없습니다. 문제를 경험하고 문제를 해결하는 것 자체가 인생이니까요.

왜 나에게 이런 문제가 일어났느냐고 투덜대고 불평해도 문제는 사라지지 않습니다. 오히려 자신에게 닥친 문제를 빨리 해결하지 않는다면 그것으로 인하여 새로운 많은 문제를 동시에 겪게 될지도 모를 일입니다.

문제를 해결하는 일에 집중하세요. 작은 일이라도 문제 해결을 위해 일을 시작하세요. 당신이 충분히 문제에 집중한다면 예상보다 쉽게 해결책을 찾아낼 수 있을 것입니다.

나를 변화시키는 하루 확언
나는 문제 앞에서 투덜대고 불평하지 않는다.
나는 어떤 문제든 해결할 수 있다.
나는 문제를 해결하는 일에 집중하여 최상의 해결책을 찾아낸다.

인생에는 모범답안이 없다

대체로 진실에는 두 가지 면이 있다.
따라서 우리들은 어느 한 쪽에 치우치기 전에,
먼저 그 양면을 잘 살펴보아야 한다.

아이소포스

인생에서 경험하게 되는 문제들은 학교에서 치르는 시험문제와는 다릅니다. 학교시험은 몇 가지의 선택지 속에 숨겨진 모범 답안을 찾아낼 수 있지만 인생문제에는 모범 답안이라고 할 수 있는 선택지가 존재하지 않기 때문입니다.

인생의 모든 선택들은 각자 나름대로의 이유와 가치를 지니고 있고 또한 그에 상응하는 부정적인 면도 있습니다.

인생은 선과 악, 옳고 그름의 두 가지 잣대만으로는 평가할 수 없습니다. 때문에 어떠한 상황 속에서 선택해야 할 때 조금 더 시간을 갖고 각각의 선택지를 면밀히 분석해 보아야 합니다. 항상 다면적인 삶의 모습을 염두에 두고 각각의 면들을 살펴보면서 신중히 선택하세요.

나를 변화시키는 하루 확언
나는 최선의 선택을 한다.
나는 나의 선택을 최고의 선택으로 만들 것이다.

어느 곳에 있든 당당함을 잃지 말라

밖으로 나갈 때는 턱을 안으로 당기고
머리를 꼿꼿이 세운 다음, 숨을 크게 들이마셔라.
미소로 인사하고 악수를 할 때마다 정성을 다하라.
오해 받을까봐 두려워 말고, 상대에 대해서 생각하느라고
단 1분 1초의 시간도 허비하지 마라.

엘버트 허바드

고개를 숙이고 풀이 죽은 모습을 보이지 마세요. 소심하고 두려움이 가득한 얼굴은 어느 누구도 신뢰하지 않습니다. 어느 곳에 있든, 누구를 만나든 당당함을 잃지 마세요. 고개를 들고 가슴과 허리를 펴고 여유 있는 미소와 분위기를 연출하세요. 항상 자신감 있는 표정을 유지하도록 노력하세요.

누가 보아도 신뢰할 만큼 자신에 대한 자부심과 당당함을 가지세요.

나를 변화시키는 하루 확언
나는 어디에 있든 늘 자신감이 넘친다.
나는 누구를 만나든 항상 당당한 태도를 유지한다.

주어진 일을 사랑하라

자기가 맡은 일은 즐겁고 신나게 하라.
자기 일을 사랑하고 즐기는 사람은 행복하고 건강하다.

데니스 웨이들리

기쁘게 일하고, 이루어 놓은 일을 기뻐하는 사람은 행복합니다. 지금 당신에게 주어진 일이 무엇이든 그 일을 사랑하려고 노력하세요. 비록 작고 쉬운 일이라고 하더라도 자신에게 주어진 일을 사랑하고 그 일에 최선을 다하세요.

지금 주어진 상황에 만족하고 행복함을 느낄 때, 더 큰 성장의 기회가 당신을 찾아올 것입니다.

나를 변화시키는 하루 확언
나는 지금 내가 하는 일을 사랑한다.
나는 현재에 만족하며 행복하다.
지금의 행복은 더 큰 행복을 불러올 것이다.

작은 것에 감사하라

몸에 한 가닥 실오라기라도 감았거든 베를 짜는 사람의 수고를 생각하고 하루 세 끼의 밥을 먹거든 농부의 노고에 감사하라.

명심보감

우리는 늘 무언가 부족함에 대해 투덜대지만 사실 그렇게 불평할 수 있는 것도 여유가 있기 때문입니다.

기아에 굶주리며 죽어가는 사람들과 내일을 기약할 수 없는 전쟁의 포화 속에 살아가는 사람들을 생각한다면 지금 우리의 현실이 얼마나 행복한 환경 속에서 살아가고 있는지 알 수 있을 것입니다.

당신이 가지고 있는 것에 집중하세요. 아주 작은 것에도 감사하는 마음을 지니세요. 당신이 누리는 작은 것들이 누군가에게는 정말 간절하고 절실한 바로 그것입니다.

나를 변화시키는 하루 확언
나는 사소하고 작은 일에도 감사한다.
나는 내게 주어진 모든 축복과 누리는 모든 것들에 늘 감사한다.

가까운 곳에 있는
기회부터 잡아라

큰일을 시도할 때에는 결정적인 기회를 만들기 위해 시간을 소비하기보
다는 우선 가까운 곳에 있는 기회를 이용하도록 노력해야 한다.

프랑수아 드 라로슈푸코

결정적인 단 한 번의 기회를 노리느라 눈앞의 작은 기회를
버리는 것은 어리석은 일입니다. 작은 기회라고 가볍게 보지
마십시오. 그 작은 기회가 결정적인 기회를 얻기 위한 초석일
수 있습니다.

모든 가능성을 열어두고 작은 기회라도 최선을 다하세요.
소중하지 않은 기회는 없습니다. 어떤 기회가 어떻게 연결될
지는 누구도 알 수 없습니다.

나를 변화시키는 하루 확언
내게 다가오는 모든 기회는 소중하다.
나는 작은 기회를 활용하여 최고의 기회로 만들어 낸다.

대가 지불의 법칙

신의 법칙과 인간의 법칙에 어긋나지 않고
또한 당신이 그것을 위해 대가를 치를 각오가 되어있다면
당신은 당신이 원하는 모든 것을 성취할 수 있다.

윌리엄 크레멘트 스톤

물건을 살 때 그에 상응하는 값을 지불해야 하듯이 원하는 것을 얻기 위해서는 그 가치에 합당한 대가를 지불해야 합니다. 어느 누구도 대가를 지불하지 않고는 원하는 것을 얻을 수 없습니다.

대가 지불의 법칙은 조금 잔인해 보이지만 반대로 생각해보면 사실 축복입니다. 대가를 지불해야만 원하는 것을 얻을 수 있다면 대가를 지불한다면 반드시 원하는 것을 얻을 수 있다는 말이기도 하니까요.

원하는 것을 위해서 기쁘게 대가를 지불하십시오. 지불한 대가만큼의 것을 반드시 얻을 수 있을 것입니다.

나를 변화시키는 하루 확언
대가를 지불하면 반드시 원하는 것을 얻을 수 있다.
나는 원하는 것을 얻기 위해서 기쁘게 대가를 지불한다.

신이 바라는 것

신께 용기를 달라고 기도하면,
신께서 용기를 줄 것 같습니까?
용기를 가질 수 있는 기회를 줄 것 같습니까?

영화 〈에반 올마이티〉 중에서

　신이 바라는 것은 우리가 더 나은 존재로 발전하는 것입니다. 그래서 신은 우리가 기도했을 때 단순히 원하는 것을 주는 것이 아니라 스스로 능력을 키울 수 있는 기회를 주고 그 과정에서 우리가 더 성숙하고 더 현명해지도록 하는 것입니다.

　신은 당신의 소망, 당신의 기도를 들을 것입니다. 그리고 당신에게 꿈을 성취할 기회를 줄 것입니다. 하지만 그 과정을 통해 어떻게 성장할 것인지는 오로지 당신의 몫입니다.

나를 변화시키는 하루 확언
내게 주어진 모든 환경과 상황들은 신의 선물이다.
나는 삶의 모든 과정을 통해서 더 성숙하고 행복한 인생을 창조한다.

긍정적인 시각을 가져라

비관주의자는 기회가 찾아올 때 고난을 보고,
낙관주의자는 고난이 찾아올 때 기회를 본다.

윈스턴 처칠

긍정적인 시각과 부정적인 시각. 어느 것이 옳다고 단언할 수는 없습니다. 두 시각 모두 세상을 보는 하나의 관점에 불과하니까요. 하지만 어느 시각이 더 우리에게 유리하느냐를 따진다면 단연코 긍정적인 시각이 절대적입니다. 긍정적인 사람들은 기회를 놓치기도 하고 잡기도 하지만 부정적인 사람들은 완벽한 기회를 기다리느라 좋은 기회를 놓쳐버리기 때문입니다.

긍정적인 시각을 가지세요. 물론 긍정적인 시각이 성공을 보장한다고 장담할 순 없지만 적어도 당신을 멍하니 하늘에서 기회가 떨어지기만을 기다리는 바보로 만들지는 않을 것입니다.

나를 변화시키는 하루 확언
나는 늘 낙관론적인 자세를 유지한다.
나는 모든 상황을 긍정적인 시각으로 바라보며 기회를 찾아낸다.

행복을 놓치지 마라

많은 사람들이 커다란 행복만을 고대하면서,
작은 기쁨을 놓치고 있다.

S. 펄벅

누구나 가슴 속에 품은 꿈을 이루기 위해 최선을 다해야겠지만 그렇다고 해서 지금 누릴 수 있는 소소한 일상의 행복들을 놓치면 안 됩니다. 사소한 즐거움을 누리는 것 또한 자신의 행복을 위해서는 반드시 필요한 일이니까요.

꿈을 이루는 것, 목적지에 도착하는 것도 중요하지만 꿈을 이루어 가는 과정에서도 행복을 느낄 수 있어야 합니다. 지금 누릴 수 있는 작은 기쁨과 행복들을 마음껏 누리세요.

나를 변화시키는 하루 확언
지금 행복할 수 없다면 앞으로도 행복할 수 없다.
나는 지금 누릴 수 있는 작은 행복들을 마음껏 누릴 것이다.

자신을 신뢰하라

당신 자신을 신뢰하라.
자신의 삶을 행복으로 이끌어 줄 수 있는 인격을 만들어라.
내면에 존재하는 미세한 가능성의 불씨를
성취의 불꽃으로 살려낼 수 있도록 당신 자신을 신뢰하라.

포스터 C. 맥클레란

타인에 대한 불신보다 더욱 위험한 것은 자기 자신에 대한 불신입니다. 자신을 믿지 못하는 사람은 어떤 것도 이룰 수 없습니다. 어려움 때문에 패배하는 것보다 자신을 신뢰하지 못해 실패하는 경우가 더 많습니다.

스스로 자기 자신을 믿으세요. 자신에 대한 확신을 가지세요. 진정한 재능이란 강한 확신으로 자신의 잠재능력을 최대한 끌어내는 능력입니다. 당신은 분명 무엇이든 할 수 있는 무한한 잠재력을 지니고 있습니다.

"어려움이 있겠지만 나는 충분히 이겨낼 수 있어"라고 말하세요. 자신에 대한 군건한 믿음과 신뢰는 어떤 역경도 이겨낼 수 있는 가장 큰 힘입니다.

나를 변화시키는 하루 확언
나는 나의 의지를 신뢰한다.
나는 어떤 어려움도 이겨낼 수 있다.

인생을 창조하는 말

죽고 사는 것이 혀의 권세에 달렸다.
혀를 쓰기 좋아하는 자는 그 열매를 먹으리라.

잠언 18장 21절

말은 입 밖으로 나오는 순간부터 살아 움직이며 스스로 창
조적인 힘을 발휘합니다.

우주는 신의 말씀으로 만들었습니다. 신을 닮은 인간의 말
에도 창조력이 숨어 있습니다. 당신이 한 말은 당신의 입 밖으
로 태어난 순간부터 당신의 인생을 창조합니다.

말을 조심하세요. 부정적인 말은 절대 입에 담지 마세요. 오
직 긍정적이고 희망적인 말만하세요.

사람은 혀의 열매를 먹는다는 사실을 항상 기억하세요.

나를 변화시키는 하루 확언
나는 말의 힘을 믿는다.
나는 긍정적이고 희망적인 말을 한다.

적응력(適應力)

물은 앞을 가로막는 모든 장애물에 대해
스스로 굽히고 적응함으로써 마침내 바다에 이른다.
적응하는 힘이 자유로워야 자신을 향해 달려오는 운명에
유연하게 대처할 수 있다.

노자

사람은 살아가면서 매우 다양한 상황과 환경에 노출됩니다. 학창시절을 비롯하여 사회에 나와서도 마찬가지입니다. 인간은 생을 마감하는 그 순간까지 매일 새로운 환경을 만나게 되고 그것에 잘 적응해야 잘 살아갈 수 있습니다. 변화되는 환경에 신속히 자신을 맞출 수 있도록 적응력을 기르세요. 매번 찾아오는 새로운 상황에 적응하지 못한다면 결국에는 뒤처질 것입니다.

빠른 변화에 불평하기보다 먼저 마음을 열고 새로운 환경을 긍정적인 마음으로 받아들이기로 마음을 먹는다면 어떤 상황에도 적응할 수 있을 것입니다.

나를 변화시키는 하루 확언
나는 적응력이 뛰어나다.
나는 새로운 환경이나 어떤 어려운 상황에도 빠르게 적응한다.

결단(決斷)

시작과 창조의 모든 행위에는 하나의 근본 진리가 있다.
그것은 우리가 스스로 하겠다는 결단을 내린 순간 하늘도 움직인다는
것이다.

요한 볼프강폰 괴테

결단의 한자어는 '결정하다'라는 의미의 결(決)과 '끊다', '자르다'의 의미인 단(斷)으로 이루어져 있습니다.

영어의 결단의 뜻인 'decision'은 라틴어의 '~로 부터'의 의미인 'de'와 '자르다'를 의미하는 'caedere'에 어원을 두고 있습니다. 결단은 무엇을 결정한다는 의미보다는 무언가를 잘라내는데 더 무게가 실려 있습니다. 즉, 결단이란 어떤 것을 이루기로 선택한 다음에는 그 외의 모든 불필요한 사항들을 잘라내 버린다는 의미입니다. 예를 들어 건강을 유지해야겠다고 결심을 했다면 좋아하는 담배, 즐기는 술 등 건강에 안 좋은 영향을 주는 것들을 과감하게 끊어내야 합니다.

무언가를 성취하고자 한다면 결단하세요. 당신이 가장 원하는 것 이외의 다른 선택사항들은 모두 잘라내 버리세요.

나를 변화시키는 하루 확언
나는 결단력 있는 사람이다.
나는 내가 선택한 것 외의 모든 불필요한 것들은 과감히 제거한다.

실수를 과장하지 말라

단지 실수 한 번 했다고 해서 인생 전체가 실수가 되는 것은 아니다.
조제트 모스바허

사람들은 자신의 실수나 혹은 위협적인 상황을 실제보다 과장하여 생각하는 경향이 있습니다. 그러한 생각은 꼬리에 꼬리를 물고 점점 더 확대되어 어느 순간 하나의 의견에서 사실이 되어버립니다.

하지만 돌이켜 생각해보면 이미 우리는 수없이 많은 실수와 실패를 거듭하며 살아오지 않았나요? 그렇지만 그럼에도 불구하고 우리는 여전히 잘 살아가고 있습니다.

한 번의 기회만으로 성공할 수 없듯이 한 번의 실수나 실패로 인하여 인생이 무너지는 일은 거의 없습니다.

자신의 실수를 과장하지 마세요. 있는 그대로, 사실을 바라보세요. 실수는 그저 한 번의 실수일 뿐 그 이상도 그 이하도 아닙니다.

나를 변화시키는 하루 확언
누구나 실수할 수 있다. 실수 한 번에 인생이 끝나지 않는다.
실수는 그저 한 번의 실수일 뿐 그 이상도 그 이하도 아니다.

계획을 세워라

목표는 계획이라는 수단을 통해서만 도달할 수 있다.
우리는 세운 계획을 바탕으로 활기차게 움직여야 한다.
성공에 이르는 또 다른 길은 존재하지 않는다.

스티브 A. 브레넌

목표를 세웠습니까?

그렇다면 이제 계획을 세우세요. 목표를 세웠으면 당연히 계획을 세워야 합니다. 계획 없이는 어떤 일도 체계적으로 이룰 수 없기 때문입니다.

가장 먼저 시작해야 할 일은 무엇인가요?

현재 수준에서 활용할 수 있는 자원에는 어떤 것들이 있나요?

그것을 이루기 위해 사전에 필요한 정보는 무엇인가요?

이러한 질문들에 대한 답을 찾아가면서 목표를 분석해보세요. 그리고 분석한 자료에 맞추어 계획을 세워보세요. 목표를 분석하여 계획을 세웠다면 이전보다 체계적으로 목표를 성취해 나갈 수 있을 것입니다.

나를 변화시키는 하루 확언

나는 항상 목표에 적합한 계획을 세운다.
나는 계획에 따라 체계적으로 목표를 향해 전진한다.

역지사지(易地思之)

그 사람의 입장에 서 보지 않았거든 그 사람을 비난하지 말라.
남의 입장을 충분히 이해한다는 것은 사랑의 첫걸음이다.

라마크리시나

누군가를 무턱대고 미워하기 전에 스스로 자신을 돌아볼 필
요가 있습니다. 누군가를 폄하하기 전에 자신이 진실한 마음
으로 그의 입장을 이해하고 있는지를 생각해 보십시오.

사람을 감동시키는 향기는 내부에서부터 밖으로 서서히 표
출되는 것입니다. 자신의 내부에 향기가 있다면 향기가 날 것
이고, 악취가 있다면 악취가 날 것입니다.

자신 앞에 서 있는 누군가에게 진실한 마음에서 우러나오는
그대의 그윽한 향기를 선물하세요.

나를 변화시키는 하루 확언
내가 먼저 다른 사람의 입장을 이해하려고 노력하자.
내가 먼저 그들을 더욱 배려하고 이해하자.

자신의 건강을 소중히 돌보라

당신에겐 건강을 무시할 권리가 없다.
건강을 무시한다면 필히 당신뿐만이 아니라
타인에게까지 짐이 될 것이다.

월리엄홀

건강은 건강할 때 지켜야 한다는 말이 있습니다. 우리는 지금 누리고 있는 건강이 결코 우리를 떠나지 않을 것이라는 착각을 합니다. 하지만 무절제한 생활습관과 식사습관을 유지하면서 언제까지나 건강을 지킬 수 있을 것이라고 장담할 수는 없습니다.

건강은 무엇보다 소중합니다. 가장 어리석은 일 중의 하나는 경제적인 이익을 얻기 위해 건강을 희생시키는 일입니다. 그 어떤 것도 건강만큼 가치 있는 것은 없습니다. 재산이 아무리 많은 부자라도 큰 병이 들었다면 자신의 모든 재산을 주어서라도 건강을 사고 싶어 할 것입니다. 육체는 영혼의 집과 같습니다. 집이 황폐해지지 않도록 건강을 잘 돌보세요.

나를 변화시키는 하루 확언
나는 나의 건강을 소중히 돌본다.
나는 건강을 잘 관리해서 평생 건강하게 살 것이다.

용기(勇氣)

두려움은 인간 본성의 한 부분이다. 용기는 두려움이 없다는 뜻이 아니다. 두렵지만 한번 해보자는 마음으로 도전하는 것이다.
무엇보다 반드시 해내고 말겠다는 의지가 중요하다.

칼리 피오리나

이 세상 어느 누구도 두려움이 없는 사람은 없습니다. 위대한 인물들 또한 패배와 좌절에 대한 두려움에 시달려야 했습니다. 그들도 자신의 의지를 스스로 포기하지 않기 위해서, 두려움에 떨며 도망가지 않기 위해서 끊임없이 자신을 독려해야만 했습니다.

용기란 두려움 속에서 승리를 바라보고 행동하는 것입니다. 두려움을 이기는 것이 아니라 두려움 속에서도 결코 포기하지 않는 것, 그것이 용기입니다.

나를 변화시키는 하루 확언
나는 용기 있는 사람이다.
나는 어떤 두려움 속에서도 결코 꿈을 포기하지 않는다.
나는 반드시 내 꿈을 이루어 낼 것이다.

나를 정의하는 것

우리는 우리가 생각하는 대로의 존재일 뿐이다.
우리의 모든 것은 우리의 생각과 함께 떠오른다.
자신의 생각에 따라 자신의 세계가 만들어지는 것이다.

석가모니

지금 당신은 어떤 생각을 하고 있습니까?

최근 당신의 머릿속을 꽉 채운 생각은 무엇이었습니까?

생각은 원인입니다. 생각은 반드시 어떠한 결과물을 만들어 냅니다. 생각은 당신의 내면을 지배하고 당신에게 어떠한 행동을 일으키도록 유도합니다.

현재의 당신은, 과거의 당신이 반복적으로 한 생각이 만들어 낸 창조물입니다.

지금 당신이 하고 있는 생각은 가까운 미래에 또다시 새로운 당신을 창조할 것입니다.

나를 변화시키는 하루 확언
나의 생각은 나의 삶을 창조한다.
나는 항상 긍정적으로 생각하여 긍정적인 변화를 창조한다.

내 인생에 책임감을 갖자

나의 의지가 나의 미래를 형성한다.
나의 성패는 그 어떤 사람이 아닌 바로 나 자신의 사건이다.
나 자신이 바로 힘이므로 나는 내 앞의 어떤 장애물이든 없앨 수 있다.
그렇게 하지 않으면 나는 미로에 빠질 것이다
성공하든 실패하든 그것은 나의 선택이자 나의 책임이다.
오직 나만이 내 운명의 열쇠를 손에 쥐고 있다.

일레인 맥스웰

당신 자신의 인생에 대한 책임감을 가지세요.

신께서 당신에게 준 인생이라는 기회를 어떻게 사용할지는 오롯이 당신의 몫입니다. 당신에게 주어진 인생의 몫을 기쁘게 감당하고 선택에 대한 책임감을 가지세요.

당신 운명의 열쇠는 언제나 당신의 손안에 있음을 기억하세요.

나를 변화시키는 하루 확언
내 운명의 열쇠는 내 손안에 있다.
나는 내 인생에 책임감을 가진다.
나는 내 운명을 행복과 성공으로 이끌 것이다.

다른 사람의 필요를 포착하자

만약 성공의 비결이라는 것이 있다면
그것은 타인의 관점을 잘 포착하여 자기 자신의 입장에서
사물을 볼 줄 아는 재능, 바로 그것이다

A. J. 스탠리

좋은 아이디어를 찾고자 한다면 사람들이 무엇에 불만을 갖고 있는지를 잘 관찰하세요. 사람들이 불편해 하는 것은 무엇인지, 그들이 필요로 하는 것은 무엇인지 잘 살펴보세요. 그리고 그들의 불편함과 필요함을 채우기 위해서 나는 어떻게 해야 할지를 곰곰이 생각해 보세요.

그들의 불편과 필요 속에 당신의 성공을 위한 멋진 아이디어와 세상에 당신의 가치를 드러낼 길이 숨어 있습니다.

나를 변화시키는 하루 확언
나는 사람들의 불편과 필요를 포착한다.
나는 사람들의 불편과 필요를 채워주기 위해 번뜩이는 아이디어를 생산한다.

문제 속에 숨겨진 선물을 찾아라

모든 문제 속에는 그 문제를 완전히 뒤집는 크고 소중한 기회가 숨겨져
있다.
이 세상의 거의 모든 성공스토리는 문제나 장애를 똑바로 인식하고 그
문제를 기회로 바꾼 사람들에 의해 창조되었다.

아담 J. 잭슨, 『플립사이드』 중에서

신은 인간에게 선물을 줄 때 반드시 문제라는 포장지를 사용
합니다. 하지만 대부분의 사람들은 포장지에만 집중하느라 그
안에 숨겨진 선물을 찾지 못합니다. 결국 소수의 지혜로운 사람
들만이 용기 있게 포장지를 뜯고 그 속의 선물을 소유합니다.

문제 속에는 우리가 배워야할 교훈과 꿈을 이룰 수 있는 많
은 기회가 숨어 있습니다. 문제를 감싸고 있는 포장지에 현혹
되지 마세요. 그 속에 숨어 있는 선물을 찾으세요.

나를 변화시키는 하루 확언
문제 속에는 반드시 나를 위한 선물이 숨어 있다.
나는 문제 안에 숨겨져 있는 나를 위한 교훈과 기회를 얻는다.

자신이 무엇을 원하는지
명확히 알라

당신이 진정으로 원하는 바가 무엇인지 깨달아라.
그때부터 당신은 나비를 쫓아다니는 일을 그만두고
금을 캐러 다니기 시작할 것이다.

윌러엄 몰턴 마스든

우리가 무언가를 성취하기 위해서는 우선 자신이 무엇을 성취할 것인지를 명확하게 설정해야 합니다. 그러나 대부분의 사람들은 자신이 어떤 삶을 살고자 하는지, 진정 원하는 것이 정확히 어떤 것인지조차 제대로 알고 있지 못합니다.

당신이 진정 원하는 것은 무엇입니까?

당신이 진정 바라고 꿈꾸는 삶은 어떤 모습입니까?

당신이 진정으로 하고 싶은 일은 무엇입니까?

먼저 이 질문들에 대한 답을 찾아보세요. 답을 찾은 다음에야 당신이 가야할 길을 찾을 수 있습니다.

나를 변화시키는 하루 확언

나는 내가 진정 바라고 원하는 것이 무엇인지 찾아낼 것이다.

또한 내 영혼이 소망하는 그 일을 나는 반드시 성취해낼 것이다.

고정관념에서 벗어나라

고정관념에서 벗어나게 되면
계속해서 같은 문제 때문에 같은 교훈을 배울 필요가 없다.

앤드류 매튜스

고정관념은 징크스와 비슷합니다. 징크스는 몇 번의 사소한 경험을 통해 만들어진 신념의 일종입니다.

어떤 속옷을 입었는데 일이 잘 풀렸던 경험이 뇌리에 새겨져 마치 속옷이 행운을 가져다 준 것 같은 착각을 일으켜 징크스를 만들어냅니다.

고정관념 또한 마찬가지입니다. 몇 번의 경험을 통해 얻어진 지식이 마치 모든 경우에 적용할 수 있는 일반적인 지식처럼 여겨져서 고정관념을 만듭니다. 문제를 해결하기 위해서는 이러한 고정관념에서 벗어나 다양하고 유연하게 생각할 줄 알아야 합니다.

당신의 눈을 가리고 있는 고정 관념에서 벗어나세요. 이전에는 해결할 수 없는 문제의 실마리를 찾을 수 있을 것입니다.

나를 변화시키는 하루 확언
나는 고정관념에서 벗어나 유연하게 사고한다.
나는 항상 창의적이고 효율적인 해결책을 찾아낸다.

자신감은
완벽한 준비에서 나온다

무엇보다도 철저하게 준비하는 것이 성공의 비결이다.

헨리 포드

자신감은 쉽게 얻어지는 것이 아닙니다. 스스로 자부심을 느낄 만큼 완벽한 준비를 했을 때 우리는 강한 자신감을 갖게 됩니다. 성실한 준비로 인한 자신감은 굳이 나타내 보이지 않더라도 온몸에서 그것이 자연스럽게 표출됩니다. 완벽하게 준비된 사람은 어떤 상황에서도 당황하지 않고 자신이 쌓아온 것들을 확실하게 보여줄 수 있습니다.

자신감은 완벽한 준비에서 나온다는 것을 항상 명심하세요.

나를 변화시키는 하루 확언
나는 일을 하기에 앞서 철저히 준비하여 강한 자신감으로 무장한다.

열정(熱情)

열정은 노력의 어머니이며 열정 없이는 위대한 것을 성취할 수 없다.
인생은 단 한 번뿐이다.
무사안일하게 사는 것보다는
무슨 일인가를 이루기 위한 모험을 시도하는 것이
우리의 인생에 걸맞다.

프랭클린 루스벨트

열정 없이 꿈을 성취한 사람은 없습니다. 아무리 작고 사소한 일이라도 열정이 없다면 어떤 것도 제대로 이루어낼 수 없습니다. 어떤 일이든 열정적으로 대하세요. 열정을 갖고 최선을 다할 때 필요한 정보와 기회가 생기고 당신의 위한 새로운 문이 열릴 것입니다.

나를 변화시키는 하루 확언
나는 어떤 일이든 열정적으로 최선을 다한다.
나는 언제나 최상의 결과를 만들어 낸다.

시대의 흐름을 읽어라

자기가 살고 있는 시대의 흐름을 파악하라.
아무리 뛰어나고 걸출한 인물도 자기가 사는 시대의 흐름에서
벗어날 수는 없는 법이다.

발타자르 그라시안

세상에는 시대에 따라 일정한 흐름이라는 것이 있습니다. 성공하는 사람들은 항상 이 시대흐름에 귀를 기울이고 예민하게 반응합니다. 설령 오로지 생존에만 매달린다 하여도 시대의 흐름을 제대로 읽지 못한다면 반드시 언젠가는 생존의 위협을 받게 됩니다.

시대흐름에 관심을 기울이세요. 지금의 시대가 현재 어떤 문제를 겪고 있고 앞으로 어떻게 흘러갈 것인지에 관심을 가지세요. 전문가들의 의견에 귀를 기울이고 다양한 서적을 통해 기본적인 지식들을 습득하세요.

시대흐름을 읽고 자신의 삶을 그에 맞춰 성실히 준비한다면 결코 세상의 낙오자가 되거나 생존의 위협을 받지 않을 것입니다.

나를 변화시키는 하루 확언
나는 항상 시대의 흐름을 분석한다.
나는 미래를 성실히 준비하여 목표를 성취한다.

희망(希望)

희망은 잠자고 있지 않은 인간의 꿈이다.
꿈이 있는 한, 이 세상은 도전해볼 만하다.
어떠한 일이 있더라도 꿈을 잃지 말자.

아리스토텔레스

사람은 희망이 없으면 아무것도 할 수 없습니다. 희망이 없는 사람은 인생에서 어떤 가능성도 찾지 못하고 스스로 자멸해 버리기 때문입니다.

희망을 품으세요. 어떤 절망 속에서도 결코 희망을 버려서는 안 됩니다. 반드시 희망과 벅찬 기대감을 가슴에 안고 당신을 위한 축복을 찾으세요.

나를 변화시키는 하루 확언
나는 아무리 어려운 환경 속에서도 결코 희망을 버리지 않는다.
나는 나를 위해 준비된 모든 축복을 반드시 쟁취할 것이다.

문제와 위기

아무런 문제도 없이 삶을 사는 사람은
이미 인생이란 경기에서 제외된 사람이다.

엘버트 허바드

　삶을 구성하는 가장 큰 요소 두 가지는 바로 문제와 위기입니다. 우리는 항상 문제를 안고 살아가고 있으며 대부분의 사람이 평균 3~4개월에 한 번씩은 크고, 작은 위기에 직면한다고 합니다.

　문제를 경험하고 문제를 해결하기 위해 고민하고 해결한 다음에는 또 다른 문제를 경험하는 것이 인생입니다. 당신만이 문제와 위기 속에 힘들어 하는 것이 아닙니다. 누구나 문제와 위기 속에서 살아가고 있습니다.

　문제와 위기를 당신을 괴롭히기 위한 것이 아니라 누구에게나 찾아오는 일상적인 것으로 생각하세요. 당신스스로 문제와 위기를 당연한 것으로 받아들인다면 더 이상 문제를 두려워하지 않게 될 것입니다.

나를 변화시키는 하루 확언
나에겐 어떤 문제와 위기도 위협이 되지 않는다.
나는 모든 문제와 위기를 극복할 수 있다.

매력(魅力)

자신의 매력을 발전시켜 남의 마음을 사로잡는 데 활용하라. 부자나 잘 생긴 사람을 대체할 수 있는 것은 많다.

발타자르 그라시안

매력은 사람의 마음을 끌어당기는 힘입니다. 멋지고 아름다운 외모나 많은 부는 사람들의 마음을 강하게 끌어당기는 강력한 힘을 가진 매력이지만 사람의 마음이란 것이 항상 외모나 물질에만 끌리는 것은 아닙니다.

친절한 미소와 예의 바른 태도, 긍정적인 삶의 자세, 건강한 정신, 유머, 다른 사람의 말을 잘 들어주는 것, 지혜로움, 현명함 등의 내적인 매력은 외적인 매력 이상의 매력을 가집니다.

외적인 매력을 위한 노력 못지않게 내적인 매력을 위해서도 노력하세요. 결국 누군가를 끌어당기는 힘은 내적인 매력에 있다는 것을 기억하세요.

나를 변화시키는 하루 확언

나는 매력적인 사람이다.

나의 매력은 사람들의 마음을 끌어당긴다.

낙관주의자가 되라

비관주의자들은 별의 비밀을 발견해 낸 적도,
지도에 없는 미지의 땅을 향해 항해한 적도,
영혼을 위한 새로운 천국을 열어준 적도 없다.

헬렌 켈러

세상에는 스스로 지혜롭다고 말하면서 수많은 이론과 통계
자료를 예로 들며 "이것은 불가능한 일이다.", "그런 일은 절대
일어나지 않을 것이다."라며 꿈을 가진 사람들을 어리석다고
몰아세우는 사람들이 있습니다.

하지만 아이러니하게도 세상의 모든 진보는 언제나 허황된
꿈을 꾸고 있는 것처럼 보이는, 현실에 만족하지 못하는 사람
들에 의해 발전되어 왔습니다. 모든 불리한 이론과 근거에도
단 하나의 가능성이면 충분하다고 말할 수 있는 사람들만이 꿈
을 이루어낼 수 있습니다.

낙관주의자가 되십시오. 꿈을 이루는 데에는 많은 가능성이
필요치 않습니다. 단 하나의 가능성이면 충분합니다.

나를 변화시키는 하루 확언
나에게 불가능은 없다.
나는 단 하나의 가능성만으로도 꿈을 이룰 수 있다.

풍성히 칭찬하라

칭찬은 귀로 먹는 보약과 같다.
지휘와 지도력에는 추진력, 설득력, 판단력, 인지력 등등…
많은 능력과 자질, 또한 기술이 요구된다.
그러나 잘한 일을 칭찬함으로써 얻게 되는 높은 사기를 대신할 수 있는
것은 없다.

레드 뉴먼

학교에서 아이들이 좋은 선생님을 만나게 되면 빠르게 성장하고 좋은 변화를 보이는 경우가 있습니다. 갑자기 공부에 관심을 보이고 성적이 향상되기도 합니다. 이러한 경우는 대개 선생님의 칭찬 한마디 때문일 때가 많습니다. 선생님의 칭찬 한마디가 아이에게 학교생활에 대한 긍정의 동기를 부여한 것이지요. 진심 어린 칭찬 한마디는 사람의 기분을 좋게 하는 것뿐 아니라 한 사람의 미래를 변화시키기도 합니다. 스쳐지나가는 칭찬 한마디가 누군가에겐 인생의 터닝 포인트가 되기도 하고 단 한마디의 칭찬이 조직 전체에 중요한 긍정적인 결과를 낳기도 합니다. 칭찬에 인색하지 말고 풍성히 칭찬하세요.

나를 변화시키는 하루 확언
나는 사람들의 장점을 찾기 위해 노력한다.
나는 풍성히 칭찬함으로써 그들의 자존감을 높이고 용기를 준다.

어제의 나를 이기자

위대함은 다른 사람보다 앞서는데 있지 않다.
참된 위대함은 자신의 과거보다 한 걸음 앞서 나가는 데 있다.

인도속담

당신이 이겨야할 사람은 당신의 경쟁자가 아닌 바로 어제의
당신입니다.

어제의 당신에게 지지 마세요. 어제보다 오늘 더 성장하고
앞서는 사람이 되고자 노력하세요.

나를 변화시키는 하루 확언
나는 결코 어제의 나에게 지지 않는다.
나는 매일 더욱 성장하고 앞서 나갈 것이다.

과거의 나를 부수고
새로운 내가 되자

새는 알을 깨고 태어난다. 알은 새의 세계이다.
태어나고자 하는 자는 하나의 세계를 깨뜨리지 않으면 안 된다.

헤르만 헤세

기존의 것이 부서지지 않는다면 새로운 변화는 찾아오지 않습니다. 사람의 성장 또한 이와 같습니다. 지금의 내가 부서지고 깨어지지 않는다면 더 높은 성장을 기대할 수 없습니다.

과거의 자신과 이별하세요. 새 술은 새 부대에 담아야하듯이 기존의 나를 비우고 난 후에야 변화된 새로운 자신을 만날 수 있을 것입니다.

나를 변화시키는 하루 확언
나는 늘 변화하고 발전한다.
나는 고정관념과 나쁜 습관을 버리고 새로운 내가 된다.

능력이 기회를 부른다

벼슬자리가 없는 것을 근심할 것이 아니라
그 자리에 앉을만한 능력이 없는 것을 근심하라.

공자

능력 있는 사람이 기회가 없어 허둥거리며 괴로워하는 것을
본 일이 있습니까?

능력이 있다면 없는 기회도 만들어지고, 인재가 나타나면
서로 필요하다고 아우성치는 세상입니다. 세상은 능력 있는
자를 절대로 그냥 내버려 두지 않습니다.

기회는 항상 존재합니다. 기회가 없음을 한탄하며 속상해
하지마세요. 문제는 기회가 아니라 기회를 잡을 능력이 있느
냐는 것입니다.

나를 변화시키는 하루 확언
이미 수많은 기회가 나를 위해 준비되어 있다.
이제 나는 능력을 키워 내가 가장 원하는 기회를 쟁취하겠다.

당신의 가치를 결정하는 것

자신의 가치를 결정짓는 것은,
사회적 지위나 명예 또는 얼마나 많은 재산을 갖고 있는가에 있지 않다.
진정한 가치는 자신의 영혼과 얼마나 일치되어 있는가에 있다.

법정, 『홀로 사는 즐거움』 중에서

당신의 가치는 지금 당신이 '무엇을 소유하고 있는가?'로 결정되지 않습니다. 당신의 가치는 스스로 자신을 어떻게 생각하며, 무엇을 추구하는 사람인가에 달려있습니다. 당신이 지금 소유하고 있는 것들은 실상 아무 의미도 없습니다.

당신의 내면에 불행한 자신의 모습, 희망과 열정이 사라진 자신의 모습이 담겨져 있다면 아무리 많은 재산을 소유한들 무슨 의미가 있겠습니까?

하지만 당신의 영혼이 이끄는, 당신의 내면의 소리에 귀를 기울여 당신의 가슴을 뛰게 하는 곳으로 달려가고 있다면 비록 지금 가진 것이 없을지라도 당신은 누구보다 올바르며 가치 있는 삶을 살고 있는 것입니다.

나를 변화시키는 하루 확언
내가 소유하고 있는 것이 나의 가치를 결정하는 것이 아니다.
내가 추구하는 것이 나의 가치를 결정하는 것이다.

꿈을 현실로 만드는 사람이 되라

꿈의 세계에서 사는 사람들이 있다.
현실을 직시하는 사람들이 있다.
그리고 꿈을 현실로 바꾸는 사람들이 있다.

더글러스 에브렛

세상에는 세 종류의 사람이 있습니다. 꿈만 꾸는 사람, 현실만 보는 사람, 그리고 꿈을 현실로 만드는 사람입니다.

어떤 계획도, 행동도 없이 스스로 만든 꿈속 세계에서만 사는 사람은 꿈을 이룰 수 없습니다.

오직 차가운 이성으로 현실을 바라보는 사람은 허황된 꿈을 꾸지 않습니다. 확고한 신념과 목표의식을 갖고 구체적인 계획을 세워 실천할 줄 아는 사람만이 자신이 희망하는 꿈을 현실로 만드는 사람입니다.

나를 변화시키는 하루 확언
나는 꿈을 현실로 만들어 내는 사람이다.
나는 내가 목표로 한 모든 일들을 반드시 현실로 만들 것이다.

기다리는 법을 배워라

성급한 열정에 휩쓸리지 않을 때 인내심을 지닌 심성이 드러난다.
길고 긴 기다림 끝에 계절은 완성을 가져오고, 감춰진 것을 무르익게 하
듯이 기다림의 고통을 보낸 다음에야 타인을 다스리게 될 것이다.

필립 2세

삶은 기다림의 연속입니다. 가슴 속에 새겨놓은 그림을 완
성하기 위해서는 기약할 수 없는 오랜 시간을 기다려야 할 때
도 있습니다. 자신이 원하는 기회가 올 때까지 길고 긴 시간
을 오로지 인내심을 갖고 고통의 시간을 보내야 할 때도 있습
니다.

삶의 고통에 좌절하지 않고 포기하지 않기 위해서는 때가
무르익을 때까지 기다릴 줄 알아야 합니다. 기다리는 법을 배
우세요.

나를 변화시키는 하루 확언
기다림의 시간은 실패의 시간이 아니다.
나는 차분히 나를 위한 때를 기다린다.

더 나은 삶을 기대하라

"미래의 행복한 일을 생각하는 건 즐거운 일이에요.
뜻대로 이루어지지 않을지라도 생각하는 건 자유거든요.
린드 아주머니는 "아무것도 기대하지 않는 사람은 실망도 하지 않을 것
이니 다행이지 뭐야."라고 말씀하셨어요.
하지만 저는 실망하는 것보다 아무것도 기대하지 않는 게 더 나쁘다고
생각해요."

몽고메리, 「빨간 머리 앤」 중에서

무언가를 크게 기대하였다가 이루어지지 않았을 때, 느끼는 상실감은 이루 말할 수 없이 클 것입니다. 하지만 아무것도 기대하지 않고 무엇을 얻을 수 있을까요?

어떤 일이 일어나더라도 실망하지 않을 만큼 강한 마음을 지닐 수 있도록 스스로 자신의 마음을 다스리세요. 그리고 당신의 행복한 삶의 풍경을 절대로 놓치지 마세요. 당신의 생각이 당신이 원하는 현실을 만드는 힘이라는 것을 절대 잊지 마세요.

나를 변화시키는 하루 확언
나에게 지금 이 순간,
가장 아름답고 행복한 일들이 다가오고 있다.

자기 연민에서 벗어나라

자기 연민은 우리의 가장 큰 적이다.
그것에 굴복하면 현명한 일을 결코 할 수가 없다.

헬렌 켈러

스스로 자기 자신을 불쌍하게 여기는 사람들이 있습니다. 불행했던 자신의 과거에서 벗어나지 못해 괴로워하고 현재 자신의 처지를 비관하면서 자신을 마치 신이 외면한 사람마냥 자기 스스로에 대해 자학합니다. 자기 자신 스스로를 비참하다고 여기는 마음은 자신의 인생을 스스로 비참하게 만드는 불행의 원천이 됩니다.

자기 연민에 빠진 사람은 그 어떤 꿈을 이룰 수도, 세상에 유익함을 줄 수도, 누군가를 행복하게 할 수도 없습니다.

자기연민에서 벗어나세요. 자기연민은 자기 스스로 창조력과 잠재력을 죽이는 일입니다.

나를 변화시키는 하루 확언
나는 나 자체로 특별하고 가치 있는 존재이다.
나는 내 인생의 영광스러운 승리자이다.

롤 모델을 찾아라

방랑자가 되고 싶으면 나는 주변에서
최고로 성공한 방랑자에게 정보와 조언을 구할 것이다.
성공하고 싶다면 주변을 살펴본 후에
성공적인 삶을 사는 사람들을 찾아가
그들의 삶의 방식을 배울 것이다.

조지프 마셜 웨이드

목표 성취의 기본은 내가 이루고자 하는 목표를 이미 이루어 낸 사람들의 장점을 배우는 것입니다. 당신이 원하는 목표를 이미 성취한 사람들을 찾아보세요.

그들 중 당신의 마음을 이끄는 사람을 자신의 롤 모델로 정하세요. 그리고 그의 삶의 태도와 습관 등을 세밀히 분석하고 그의 장점을 배워보세요. 무엇보다 그들의 정신적인 부분을 배우도록 노력하세요. 그들의 생활 태도와 긍정적인 면을 따라하다 보면 어느 순간 당신 역시 그의 옆에 나란히 서 있게 될 것입니다.

나를 변화시키는 하루 확언
나는 나의 롤 모델이 지닌 모든 장점을 배운다.
나는 성공한 사람의 장점과 태도를 내 것으로 만든다.

헌신(獻身)하는 마음으로 일하라

만일 누군가가 어떤 일에 헌신하기로 결심을 하면
세상에서 가장 강력한 힘이 그를 도와주게 된다.
우리는 그것을 '마음의 힘'이라고 부른다.
일단 이와 같은 헌신을 하게 되면 그 무엇도
당신이 성공에 이르는 길을 막을 수 없다.

빈스 롬바르디

헌신은 몸과 마음을 바쳐 자신의 힘을 다하는 것을 말합니다. 어떤 일을 하든 헌신하는 마음으로 한다면 못 이룰 것이 없습니다. 게으르고 부정적인 마음으로는 어떤 일을 한다 해도 제대로 될 리가 없습니다. 몸도 둔하고 마음도 떠나버린 일을 어떻게 잘할 수 있을까요?

성실하게 헌신하는 마음으로 일한다면 어떤 일이라도 잘 할 수밖에 없습니다. 그런 사람은 무엇을 해도 늘 인정받는 사람이 될 것입니다. 그리고 행운과 기회가 따를 것입니다.

당신에게 지금 주어진 일들을 헌신하는 마음으로 일하세요. 분명 당신에게 새로운 문을 열어줄 것입니다.

나를 변화시키는 하루 확언
나는 나의 일을 사랑한다.
나는 모든 일에 헌신하는 마음으로 일한다.

79

부메랑 효과

삶은 부메랑이다. 우리들의 생각, 말, 행동은
언제가 될지 알 수 없으나 틀림없이 되돌아온다.
그리고 정확하게 그것을 말한, 그것을 행한 사람을
그대로 명중시킨다.

플로랑스 스코벨 쉰

당신의 생각, 행동, 말, 신념, 감정 등은 공중에 흩어져서 사라지는 먼지 같은 것이 아닙니다. 그것은 당신을 움직이고 인생의 방향을 결정짓습니다.

당신이 뿌린 생각과 말, 행동과 감정의 씨앗들은 당신의 삶에 심어져 언젠가는 열매를 맺습니다.

악하고 부정적인 생각과 말은 좌절과 절망의 열매를, 선하고 긍정적인 생각과 말은 당신이 소망하는 성취의 열매를 맺을 것입니다.

나를 변화시키는 하루 확언
나는 긍정적인 생각과 말의 씨앗을 심는다.
내가 뿌린 씨앗은 훌륭한 열매를 맺을 것이다.

단호하고 확고하게 결단하라

눈앞에 중대한 문제를 놓고 단호한 결정을 내리는 것은
강한 사람만이 지닌 독특한 우수성이다.
약자는 결정을 내리지 못하고 양자택일을 강요당한다.

디트리히 본회퍼

목표를 정하고 결단한 다음에는 더 이상 뒤를 돌아보지 말아야합니다. 자신의 선택에 대한 두려움으로 장애물이 생길 때마다 불안한 마음에 뒤를 돌아본다면 어떤 일도 제대로 할 수 없습니다.

가장 좋은 선택은 없습니다. 다만 어떤 선택이든 당신이 가장 좋은 선택으로 만들어 갈 수 있을 따름입니다. 자신의 선택에 대해 믿음을 가지고 단호하고 확고하게 결단하세요.

스스로 자신의 선택을 굳게 믿는다면 모든 것이 협력하여 가장 좋은 결과를 만들어낼 것입니다.

나를 변화시키는 하루 확언
나는 나의 선택을 믿는다.
나의 선택은 가장 좋은 결과로 나타날 것이다.

전문가

전문가란 자신의 주제에 관해서
저지를 수 있는 모든 잘못을 이미 저지른 사람이다.

N. 보르

우리는 중요한 시험을 준비할 때 그 분야와 관련된 다양한
문제를 풀어봅니다. 그리고 문제가 틀릴 때마다 그만큼 자신
감을 잃어가지요.

하지만 우리가 잘 보아야할 시험은 인생에서 가장 결정적인
단 한 번의 시험뿐입니다. 다른 문제들은 오히려 틀리는 것이
이득입니다. 문제를 틀린 만큼 모르던 것을 깨닫게 되니까요.

실수하는 것을 두려워하지 마세요. 한 번의 실수는 하나의
교훈을 얻게 되는 훌륭한 경험입니다. 실수나 잘못을 저지르
지 않고는 우리가 무엇을 모르고 있는지, 무엇이 부족한지 알
수 없습니다. 틀려도 괜찮습니다. 많은 문제들을 풀어보세요.

실수와 잘못이 충분히 쌓이면 언젠가는 사람들이 당신을 그
분야의 전문가라고 부를 것입니다.

나를 변화시키는 하루 확언
모든 경험은 내게 유익하다.
나는 과감히 시도하여 많은 지혜와 교훈을 얻는다.

먼저 마음의 문을 열고 다가가라

마음의 문을 여는 손잡이는 마음의 안쪽에만 달려있다.

게오르크 헤겔

누군가와 친구가 되고 싶다면 그 사람이 다가와 줄 때까지 기다리지 마세요. 용기 있게 먼저 다가가서 말을 건네세요. 어쩌면 그 사람도 당신을 기다리고 있었을지 모릅니다.

누군가와 진심을 나누고 싶다면 그 사람이 다가와 당신의 마음을 열어주길 기다리지 마세요. 당신이 먼저 마음의 문을 활짝 열고 그 사람을 반겨 주세요.

나를 변화시키는 하루 확언
나는 사랑하는 사람에게 먼저 마음의 문을 열고 다가간다.
나는 늘 사람들에게 먼저 친절을 베풀며 배려한다.

할 수 있다는 믿음을 믿어라

자신이 무언가를 할 수 있다고 믿는 사람의 믿음은 아마 맞을 것이다.
그리고 할 수 없다고 믿는 사람의 믿음 또한 그럴 것이다.

오프라 윈프리

우리가 어떠한 목표를 이루려고 할 때 마음속에서는 두 가지 생각이 떠오릅니다.

"말도 안 돼, 내가 어떻게 이걸 할 수 있겠어?"

"아냐, 나는 그것을 충분히 할 수 있어."

이런 생각들은 목표를 성취하는 과정 내내 우리의 머릿속을 떠나지 않습니다. 무엇이 옳은지 알 수 없기 때문입니다.

정해진 정답은 없습니다. 당신이 할 수 있다고 생각하든, 할 수 없다고 생각하든 둘 다 옳습니다. 할 수 없다고 생각한다면 결코 할 수 없을 것입니다. 어차피 시작도 하지 않을 테니까요. 하지만 할 수 있다고 생각하면 분명 할 수 있습니다. 할 수 있다는 생각이 스스로 필요한 자원과 기회를 끌어당겨 자신을 꿈을 이룰 수 있는 사람으로 훈련시킬 것이기 때문입니다.

나를 변화시키는 하루 확언

나는 할 수 있다. 나는 어떤 꿈이든 이룰 수 있다.
나는 나를 전적으로 신뢰한다. 나는 나 자신을 믿는다.

나쁜 습관은 언젠가는
피해를 안겨준다

시냇물이 강이 되고, 강이 모여 바다가 되듯이
나쁜 습관은 보이지 않는 사이에 바다같이 커진다.

오비디우스

작은 것이라도 좋은 습관이라면 시간이 흘러 그 결과물이 쌓이게 되면 큰 이익이 됩니다. 나쁜 습관 역시 마찬가지입니다. 아무리 사소한 것이라도 그것이 쌓이게 되면 언젠가는 반드시 치명적인 결과를 만들어냅니다.

나쁜 습관은 빨리 고치려고 노력하세요. 당장은 별것 아닌 것이라고 생각될지라도 언젠가는 큰 피해를 줄 수 있습니다.

나를 변화시키는 하루 확언
나는 항상 내 습관에 주의를 기울인다.
나는 나쁜 습관은 아무리 작은 것이라도 고쳐서 나쁜 결과를 예방한다.

직관(直觀)

직관을 따르는 일은 중요하다.
당신의 마음에 번쩍 떠오르는 직관이야말로
당신이 진정으로 원하는 바로 그것이다.

스티브잡스

일반적으로 우리가 어떠한 판단을 내릴 때에는 단계적이고 논리적인 추론 과정을 거칩니다. 하지만 직관은 이와 반대입니다. 논리적인 추론과정을 건너뛰어 어떠한 결과에 도달해버립니다. 많은 사람들이 근거가 빈약하다는 이유로 직관을 신뢰하지 않습니다. 하지만 많은 과학적 원리나 이론들은 직관에 의해 발견된 경우가 많습니다. 어떤 현상들은 직관에 의해 먼저 결론이 정해진 후에 그에 대한 근거들을 찾아내는 경우도 있습니다. 아인슈타인 또한 자연의 기본적 원리를 발견할 때 논리적인 방법보다는 직관에 의지했다고 말합니다.

불현듯 당신의 뇌리를 스치는 직관의 힘을 믿어보십시오. 직관의 지혜가 당신에게 예상치 못한 좋은 해결책을 던져줄 것입니다.

나를 변화시키는 하루 확언
나는 직관의 힘을 믿는다.
나는 직관의 지혜를 통해 중요하고 결정적인 해결책을 찾는다.

시간 속에
모든 가능성이 존재한다

미래를 예측하는 최고의 방법은
미래를 만들어 가는 것이다.

앨런케이

대부분의 사람이 미래는 불확실하다고 말하며 불안해합니다. 사실 미래는 불확실합니다. 예측할 수는 있어도 확신할 수는 없는 것이 미래이니까요. 하지만 기이하게도 사람들은 실패는 확실하다고 생각하는 경향이 있습니다.

미래는 불확실하지만 실패는 확실하다?

미래가 불확실하다는 것은 사실 축복일 수 있습니다. 미래가 불확실하기 때문에 내일이라는 시간 속에는 모든 가능성이 내포되어 있다는 말이기도 하니까요. 다시 말해서 그 어느 것도 불가능하다고 말할 수 없습니다.

미래는 모든 것이 가능하며 어떤 일이든 일어날 수 있는 무한한 가능성의 시간입니다.

나를 변화시키는 하루 확언
나에게 주어진 시간 속에는 모든 가능성이 숨어 있다.
미래는 무엇이든 가능하며 어떤 일이든 이룰 수 있다.

속도보다 방향이 중요하다

길을 떠나려면 자기가 어디로 가야하는지를 우선 알아야한다.

레프 니콜라예비치 톨스토이

인생은 레이싱 경기가 아닙니다. 남들보다 조금 빠르다고 해서 그것이 곧 인생에서의 성공을 말하는 것은 아닙니다. 방향이 올바르지 않다면 오히려 빠른 것이 재앙이 될 수도 있습니다. 우리에게 필요한 것은 시계보다는 나침반입니다. 얼마나 빠른가 보다 얼마나 올바른 방향으로 가고 있느냐가 더욱 중요합니다.

인생의 성공이란 마지막 숨을 거둘 때까지는 누구도 알 수 없는 것입니다. 남들보다 조금 느리다고 해서 조급해 할 필요는 없습니다. 차라리 조금 느린 것이 여유를 갖고 방향을 찾기에는 유리할 수 있습니다.

중요한 것은, 속도가 아닌 방향이라는 것을 항상 기억해두세요.

나를 변화시키는 하루 확언
인생에서 중요한 것은 속도가 아닌 방향이다.
나는 항상 여유를 갖고 올바른 방향을 찾아간다.

사건보다 해석이 중요하다

인생에 있어서 일어난 일을 어떻게 받아들이느냐 하는 것은
그 일어난 상황 못지않게 우리들의 행복과 관계가 있다.

빌헬름 폰 홈볼트

우리가 어떤 사건을 바라보았을 때 그 일을 완전히 객관적인 시각으로 바라보고 완벽하게 이해할 수는 없습니다. 어떤 현상을 바라보는 인간의 시야에는 한계가 있기 때문입니다. 그래서 우리는 사건을 분석하고 해석하는 과정을 거칩니다.

우리가 인생에서 겪는 경험 또한 마찬가지입니다. 긍정적인 태도를 가진 사람은 어떤 일도 긍정적으로 해석하고 부정적인 태도를 가진 사람은 매사에 모든 상황을 부정적으로 해석합니다. 결국 중요한 것은 현상을 바라보는 우리의 태도입니다.

긍정적인 삶의 태도를 갖기 위해 노력하세요. 긍정적인 태도가 당신의 삶을 행복으로 연결시켜 줄 것입니다.

나를 변화시키는 하루 확언

나는 항상 인생과 세상에 대한 긍정적인 태도를 가진다.
나는 어떤 어려운 상황에서도 긍정적인 면을 발견한다.

창의성을 발휘하라

언제나 똑같은 방식으로 일을 처리하지 마라.
새도 똑바로 날아가면 맞추기 쉽다.
노련한 사람은 상대가 예측하거나 원하는 패를 내놓지 않는 법이다.

발타자르 그라시안

이 세상에 그 무엇도 완벽한 것은 없습니다. 때문에 어떤 일이든 더 발전적이고 효율적인 방법이 항상 있기 마련입니다. 하지만 우리는 이제껏 그렇게 해왔다는 이유로 새로운 방법을 찾기보다는 기존의 방식에 편승하려고 합니다.

진보는 완전히 새로운 것을 창조하는 것이 아니라 기존의 것을 조금씩 보완하고 고쳐나가면서 이루어집니다. 조금만 더 효과적인 방법들을 찾아보세요. 당신의 창의성을 발휘해 보세요. 스스로 자신이 가진 잠재력을 믿고 과감히 도전하고 고민한다면 기대했던 것 이상의 성과를 얻을 수 있을 것입니다.

나를 변화시키는 하루 확언
나는 창의성이 넘친다. 나는 언제나 진보적인 사고를 한다.
나는 보다 창의적이고 효과적인 해결책들을 찾아낸다.

후회 없는 삶을 살자

일단 행동으로 옮긴다면 무슨 생각을 하든 어떤 두려움을 갖든 중요하지 않다. 행동이야말로 중요하고도 유일한 것이다.
나는 최소한 생의 마지막 순간에 삶을 되돌아보며 '좀 더 많은 것들을 행동으로 옮겼더라면…'하며 후회하지는 않을 것이다.

다이애나 폰 벨라네츠 벤트워스

사람은 살아가면서 하지 말아야할 행동을 하거나 타인에게 상처를 주는 말을 하고서는 자신의 언행을 후회할 때가 있습니다. 하지만 돌이켜보면 무언가를 해서 후회한 것보다는 하지 않아서 한 후회가 더 많지 않았나요?

이상형의 이성을 만났지만 용기를 내지 못해 놓치거나, 배우고 싶은 것이 있었지만 시간이 없다는 핑계로 차일피일 미루다가 결국은 배우지 못한 일, 원하던 꿈을 포기한 일 등은 두고두고 가슴 속에 큰 아쉬움으로 남습니다.

이제부터라도 다시는 후회하는 일은 남기지 않겠다고 결심하세요. 당신에겐 아직 충분한 기회가 남아있습니다.

나를 변화시키는 하루 확언
나는 후회하는 일을 남기지 않는다.
나는 원하는 일에 과감히 도전하는 삶을 산다.

시간이라는 축복

같은 강물에 발을 두 번 담글 수는 없다.
같은 장소에서 같은 곳에 발을 담글지라도
이미 그 물은 흘러갔기 때문이다.

헤라클레이토스

시간은 도도히 흐르는 강물과 같습니다. 시간이란 것이 신에 의해 생겨난 것인지, 인간에 의해 정의된 것인지는 알 수 없지만 단 한 가지 확실한 것은 영원히 멈추지 않을 것이며 다시 돌아오는 일도 없을 것이라는 사실입니다.

한순간도 멈추지 않고 영원히 흘러가는 시간, 그 흘러가는 시간을 당신은 무엇으로 채우고자 합니까?

나를 변화시키는 하루 확언
나에게 허락된 시간에는 모든 가능성이 담겨 있다.
나는 나에게 주어진 모든 시간들을 알차고 아름다운 순간들로 채운다.

100% 성공 가능성을
기다리지 마라

내가 처한 현실에서 어느 정도의 확신만 있어도
나는 행동으로 옮겼고, 그것을 결코 후회하는 일이 없었다.
모든 것이 완벽해질 때까지 기다리기만 하는 이들이야말로
나를 괴롭게 하는 자들이다.

리 아이아코카

야구에서 타율이 3할만 넘어도 훌륭한 타자라고 합니다. 3할 타자는 열 번의 타석 기회 중, 세 번 안타를 치고 일곱 번을 아웃 당하는 선수입니다. 세 번의 성공이 일곱 번의 실패보다 높은 가치로 평가받는 것입니다.

인생도 마찬가지입니다. 실패를 감수하세요. 절대 실패하지 않기 위해 100%의 가능성이 보일 때까지 기다린다면, 단 한 번도 방망이를 휘두를 수 없을지도 모릅니다.

좋은 공이라고 판단된다면 일단 휘두르세요. 이웃이 될지 안타가 될지 혹은 홈런이 될지는 일단 휘두르고 난 다음에야 판가름이 날 것입니다.

나를 변화시키는 하루 확언
나는 기회가 다가오면 단번에 낚아챈다.
나는 실패를 두려워하지 않는다.

반복적인 말의 힘

어떤 말을 만 번 이상 되풀이하면
반드시 미래에 그 일이 이루어진다.

인디언 격언

자신이 바라는 바를 반복적으로 말해보세요. 반복적인 말은 잠재의식 속에 신념을 형성시킵니다.

원하는 것이 있거든 이미 이루어졌다고, 이미 소유하였다고 말하세요. 실제로 이루어졌다고 느껴질 때까지 반복적으로 말하세요. 매일 규칙적으로 말한다면 더욱 효과적입니다.

당신의 말은 언젠가 반드시 현실이 될 것입니다. 당신이 원하는 것을 말하고 또 말하세요.

나를 변화시키는 하루 확언
말에는 창조의 힘이 숨어 있다.
나는 말의 힘을 활용하여 원하는 목표를 성취한다.

당신은 어떤 존재가 될 것인가?

먼저, 스스로에게 어떤 존재가 될 것인지 말하고
말을 한 후에는 스스로 해야 할 일을 하라.

에픽테토스

당신은 어떤 존재가 되고 싶습니까?

당신은 사람들에게 어떻게 기억되고 싶나요?

세상이 당신을 무엇이라고 부르길 바라나요?

먼저 당신이 어떤 존재가 될 것인지 스스로에게 묻고 대답
하세요. 당신의 영혼이 그 말을 듣고 세상을 움직이는데 힘을
더할 것입니다.

나를 변화시키는 하루 확언

나는 (   ) 존재이다.

세상은 나를 보고 (   )라고 말한다.

삶에 대한 긍정적인 믿음을 갖자

삶을 두려워 말라.
삶은 살아볼 만한 가치가 있는 것이라고 믿으라.
그 믿음이 가치 있는 삶이 될 수 있도록 도와줄 것이다.

로버트 슐러

삶에 대한 긍정적인 믿음을 가지세요. 삶은 생각한 것보다 훨씬 살아볼 만한 가치가 있습니다. 당신은 비록 삶을 얻기 위한 대가를 지불하지는 않았지만 대가를 지불한 그 어떤 것보다 가치 있는 것이 바로 삶이라는 기회입니다.

당신이 스스로의 삶에 대해 큰 가치를 부여하고 긍정적인 태도를 가진다면 삶도 당신을 가치 있게 여기며 긍정적인 태도로 대할 것입니다.

나를 변화시키는 하루 확언
삶은 내게 주어진 기회 중 가장 가치 있는 것이다.
나는 삶이라는 기회를 행복의 순간들로 가득 채운다.

피그말리온 효과를 이용하라

부족한 사람도 완전한 사람인 듯이 대우해 주면
그것은 그가 좀 더 나은 사람이 되도록 돕는 것이다.

요한 볼프강폰 괴테

피그말리온 효과란 누군가에 대한 긍정적인 믿음과 기대,
예측이 그 대상에게 그대로 실현되는 것을 말합니다.

누군가의 성장을 돕고 싶은 마음이 있다면, 그 사람의 변화
와 성장에 대한 기대감과 믿음을 품으세요. 긍정적인 기대감
이 가득한 마음가짐으로 그를 대하고 그에게 당신의 마음을 표
현하세요.

당신의 눈에는 보이지 않아도 차츰 그의 내면에서부터의 변
화가 시작될 것입니다.

나를 변화시키는 하루 확언
나는 항상 그들에 대한 긍정적인 기대감을 가진다.
나는 그들을 믿어주고 지지해 준다.

항상 감사하라

감사하는 마음이 우리의 마음을 채울 때
우리는 인생에서 좋은 일에 집중하는 법을 배우게 된다.

에이미 반더빌트

성경에 가장 많이 등장하는 말 중의 하나는 '감사하라'는 말입니다. 감사하는 마음을 갖추는 일은 인격을 완성하고 행복한 삶을 사는 데 있어서 무엇보다 중요한 일입니다. 그저 조용히 감사하다고 읊조리는 것만으로도 위로가 되고 불안한 마음을 안정시킬 수 있습니다.

작은 일에도 감사하는 마음을 지니세요.

'감사하다'라는 말 한마디가 당신의 삶을 기쁨으로 채울 것입니다.

나를 변화시키는 하루 확언

불안하고 마음의 평정을 찾기 힘들 때에는 조용히 눈을 감고 '감사합니다. 사랑합니다.'라고 반복해서 말해보세요.
조금씩 마음이 편안해지는 것을 느낄 수 있을 것입니다.

두려움에 당당하게 맞서라

두려움으로부터 도망치거나, 숨거나, 달아날 순 없지만
그걸 향해 똑바로 마주선다면 당신에게 길을 내주고 사라질 것이다.
마치 환상이었던 것처럼.

리처드 마코비츠

당신에게 아무런 유익도 주지 않는 일이라면 굳이 두려움을 극복하면서까지 그 일을 해야 할 이유가 없습니다. 하지만 당신이 원하는 것을 얻기 위해서 꼭 해야 하는 일이라면 그 문제를 피한다고 해서 문제가 해결되지 않습니다. 반드시 해야 할 일이고 피할 수 없는 일이라면 당당히 맞서 싸우세요. 잔뜩 몸을 웅크려 두려움에 떨고 있다면, 맹수가 등을 보이고 도망가는 존재를 먹이로 생각하듯 운명도 당신을 쉽게 생각할 것입니다.

당신을 두렵게 만드는 그 존재를 똑바로 쳐다보고 정면으로 승부를 겨루세요. 두려움을 이겨내는 유일한 방법은 두려움과 맞서 싸우는 것뿐이라는 것을 기억하세요.

나를 변화시키는 하루 확언
내 마음은 용기로 가득 차 있다.
나는 두려움과 맞서 싸워 두려움을 극복해 낼 것이다.

기본기를 갖춰라

"연아의 훈련 방식은 내게 상당한 충격을 주었습니다. 감동적이었지요. 그녀는 이미 세계 최고 수준의 피겨 스케이팅 선수인데도, 기본적인 점프나 스핀 등을 열심히 연습하고는 내게 개선점을 질문하곤 했습니다. 마치 스케이팅을 처음 배우는 것처럼 말이죠. 대부분의 톱클래스 선수들은 더 이상 기본기에 신경 쓰지 않습니다. 그들은 더 화려한 기술에만 매진합니다. 그렇기 때문에 많은 톱 레벨 선수들이 발전을 멈추게 됩니다."

트레이시 윌슨(김연아 선수 안무코치)

기본기를 제대로 훈련하지 않은 선수는 체격과 재능이 모두 앞선다고 해도 결코 기본기가 탄탄한 선수를 이길 수 없습니다. 운동뿐만 아니라 어떤 일이든 기초가 탄탄히 갖추어지지 않았다면 높은 수준에 오를 수 없습니다.

화려한 기술을 필요한 때에 정확히 구사하기 위해서는 반드시 기본기가 갖추어져 있어야 한다는 것을 꼭 명심하세요.

나를 변화시키는 하루 확언
화려한 한 방을 위해서는 기본기를 확실히 갖추고 있어야 한다. 나는 착실하게 기본기를 쌓을 것이다.

완벽한 계획은 없다

완전한 계획을 세우려는 것은 쇠퇴의 징조이다.
흥미로운 발견이나 발전이 이루어지는 동안에는
완전한 연구실을 설계할 시간이 없다.

시릴 파킨슨

완벽한 계획을 세우려 애쓰지 마세요. 당신이 아무리 치밀하게 예측하고 분석한다 해도 반드시 빈틈은 생길 것입니다. 완벽한 계획을 세울 때까지 움직이지 않으려 한다면 아무것도 할 수 없을 것입니다. 완벽한 계획은 존재하지 않습니다. 그저 완벽해져 가는 계획이 있을 뿐입니다.

나를 변화시키는 하루 확언
두려워하지 말자. 걱정하지 말자. 시행착오는 과정일 뿐이다.
내 계획은 완벽해져 가고 있다. 나는 최후에 승리할 것이다.

발밑에서 봄을 준비하는 들꽃의 인내를 배워라

다른 이의 부족함을 덮어주라

남의 단점은 반드시 보호하고 감싸주어야 한다.
남의 단점을 폭로하는 행위는
자기 단점으로 남의 단점을 비난하는 것이다.

『채근담』 중에서

사람들은 남의 이야기를 하는 것을 좋아합니다. 특히 다른 사람의 단점이나 치부를 들춰내며 즐거워하는 사람들이 있습니다. 누구라도 한 번쯤은 다른 사람의 이야기를 하는 일에 열을 올린 적이 있을 것입니다. 하지만 다른 사람의 단점을 드러내어 즐거워하는 일은 정말 부끄러운 일입니다. 다른 사람을 향한 비웃음과 냉소는 언젠가는 반드시 자기 몫으로 돌아온다는 사실을 명심하세요.

나를 변화시키는 하루 확언
나는 다른 사람의 부족한 점을 덮어주는 사람이다.
나는 다른 사람들의 비밀을 지켜주는 사람이다.

목표를 설정하는데 시간을 투자하라

인간의 문제점은 인생을 의미 없이 흘러가는 대로 산다는 것이다.
단 한 번만이라도 휴가기간에 무엇을 할까에 공을 들이는 만큼 자신이
인생에서 진정으로 원하는 게 무엇일까에 마음을 쏟는다면 그동안 얼마
나 잘못된 기준으로 목표도 없이 바쁘게만 지내왔는가를 깨닫고 놀라게
될 것이다.

도로시 캔필드 피셔

사람들은 목표를 성취하는 것이 목표를 설정하는 일보다 더
중요한 일이라고 생각합니다. 그래서 목표를 설정하는 데 충
분한 고민을 하지 않습니다. 하지만 실제로 목표를 정확히 설
정하는 일은 목표를 성취하는 일 만큼이나 중요한 일입니다.

목표를 설정하는 데 충분한 시간을 투자하세요. 성취의 기
본은 목표를 명확하게 정하는 일에서부터 시작합니다. 목표가
제대로 설정되어 있지 않으면 성취 또한 요원한 일이 될 것입
니다. 여유를 가지고 충분히 고민하고 또 고민하여 명확한 목
표를 설정하세요.

나를 변화시키는 하루 확언
여유를 갖고 충분한 시간을 투자하자.
나는 명확하고 확실한 목표를 찾아낼 수 있다.

시작은 미약할지라도
그 끝은 창대하리라

한 아름이나 되는 큰 나무도 작은 싹에서 시작되고,
9층이나 되는 높은 누대라도 한 줌의 흙으로부터 시작된다.

노자

모든 것들은 아주 작은 씨앗으로 먼저 세상에 태어납니다. 미약한 이 씨앗에 물과 거름을 주고 자라기 좋은 환경을 만들어 주면 씨앗은 싹을 틔워 점점 더 성장해 나갑니다.

세상 모든 것이 아주 작은 씨앗에서 시작하여 정성으로 자라나듯이 당신의 소망도 처음에는 미약하게 시작되어 당신의 정성으로 조금씩 자라나서 언젠가는 당신 스스로도 압도당할 만큼 크고 웅장하게 자라날 것입니다. 비록 시작은 미약할지라도 포기하지 않고 당신의 소망에 끊임없는 정성을 기울인다면 반드시 거대한 아름드리나무처럼 창대해질 것입니다.

나를 변화시키는 하루 확언
지금의 나는 작을지라도 내일의 나는 큰 사람이 될 것이다.
내 시작은 미약할지라도 내 나중은 심히 창대할 것이다.

변화의 열쇠는 나에게 있다

어떤 문제에 봉착했을 때는 환경이나 주변 사람을 탓하지 말고 우선 자기 자신에게서 해결책을 찾으세요.
주변 사람이나 환경을 바꾸기보다 자신을 변화시키는 일이 훨씬 쉬우니까요.

힐러리 클린턴

우리에게 일어나는 문제들의 가장 근본적인 원인은 대개 우리 자신에게 있습니다. 따라서 문제의 원인이 되는 우리 자신을 바꾸면 문제가 해결될 수 있다는 말이기도 합니다. 그래서 문제가 닥쳤을 때 가장 먼저 우리 내면부터 살펴보아야 합니다.

부정적인 생각과 믿음을 갖지는 않았는지, 분노와 원한을 품고 부정적인 감정들을 쏟아내지는 않았는지, 감정에 휩쓸려 잘못된 판단을 내리지는 않았는지, 자신을 살펴보고 잘못된 점들을 반성하고 교정해야 합니다.

모든 변화의 열쇠는 자기 자신에게 있다는 것을 항상 기억하세요.

나를 변화시키는 하루 확언
모든 변화의 열쇠는 나에게 있다.
나는 문제점을 스스로 분석하고 해결한다.

당신은 가치 있는 사람이다

먼저 자신의 가치를 발견하라.
자신의 가치를 발견하지 못한 사람은 자기 자신을 함부로 대한다.

장자

사람들은 다른 사람들이 자신을 어떻게 생각하고 바라보는지에 관심이 많습니다. 소위 자신의 이미지가 어떠한가에 필요 이상으로 집중합니다. 하지만 그런 것들은 일시적이고 단편적인 것입니다. 다른 사람들이 우리를 어떻게 생각하는지는 아주 사소한 일 하나로도 쉽게 변할 수 있습니다.

중요한 것은 자기 자신에 대한 믿음, 즉 자아상입니다. 보석도 그것을 알아보는 사람에게 가치가 있듯이, 자신을 소중히 여기고 가치 있다고 믿는 사람만이 가치 있는 인생을 살 수 있습니다. 당신은 당신이 생각하는 것보다 훨씬 중요한 사람입니다.

나를 변화시키는 하루 확언
나는 특별하고 소중하며 가치 있는 사람이다.
나는 지금의 내 모습에 완전히 만족한다.

이제 깨어서 행동할 때이다

현재 얼마나 힘을 갖고 있느냐는 문제가 아니다.
그보다는 내일 힘을 갖기 위해 오늘 무언가를 반드시 실행해야 한다는
것, 그것이 진짜 문제다.

캘빈 쿨리지

누구나 꿈을 꾸지만 모두 같은 꿈을 꾸는 것은 아닙니다.

밤이 되어 먼지 쌓인 후미진 곳에서 잠들어 쉬는 자들은 깨어난 뒤에 그 헛됨을 깨닫게 됩니다. 어떤 꿈을 갖고 있더라도 행동하지 않으면 아무런 의미가 없습니다. 아무리 생생한 시각화를 하고 굳건한 믿음을 가지고 있다고 할지라도 행동하지 않는다면 어떠한 변화도 일어나지 않습니다. 행동이야말로 가장 확실한 발전을 기약할 수 있으며 가장 실제적인 변화를 일으킵니다.

이제 잠에서 깨어나 행동하십시오.

나를 변화시키는 하루 확언
나는 행동력 있는 사람이다.
나는 목표를 성취하기 위해 적극적으로 행동한다.

내일의 당신은
오늘의 당신이 만든다

지금 당신이 서 있는 곳은 당신의 생각이 이끌어 준 것이다.
내일도 당신은 당신의 생각이 이끄는 곳에 있을 것이다.

제임스 앨런

현재의 당신은 과거의 당신이 만든 것입니다.

내일의 당신은 오늘의 당신이 만들어 가고 있습니다.

오늘 당신은 어떤 생각과 믿음을 가지고 살아가고 있나요?

나를 변화시키는 하루 확언
내일의 나는 오늘의 내가 만든다.
나는 매일 긍정적인 생각과 믿음을 갖고 산다.

확신을 갖고 결단하자

의심을 품고 결정을 내리면
반드시 좋지 않은 결과를 낳는다.

순자

결정의 순간, 자신의 선택이 올바른 선택이라는 확신으로 결단하세요.

자신에 대한 불신과 미래에 대한 불안감을 품고 결정을 내린다면 결과 또한 불안한 마음이 반영되어 혼란을 초래할 것입니다.

자신을 믿고 미래에 대한 기대감과 긍정적인 확신으로 현명한 선택을 하세요.

올바른 마음을 품은 선택이 가장 올바른 결과를 만들어낸다는 것을 굳게 믿으세요.

나를 변화시키는 하루 확언
나는 나의 선택을 믿는다.
나의 선택은 최선의 결과를 낼 것이다.

후회하지 않을 자신이 있는가?

매일 아침 거울을 보면서 나 자신에게 묻곤 했습니다.
만일 오늘이 내 인생의 마지막 날이라면 나는 오늘 어떤 일을 할 것인가.
며칠 연속 'no'라는 답을 얻을 때마다
나는 변화가 필요하다는 것을 깨닫게 됩니다.

스티브 잡스

인생의 성공과 실패는 생의 마지막 순간이 되어서야 비로서 알 수 있습니다. 오늘이 당신의 마지막 날이라면 당신이 하고 있는 그 일을 계속할 것인가요?

당신이 지금까지 살아왔던 방식대로 앞으로도 계속 살아간다면 후회하지 않을 자신이 있나요?

만일 그게 아니라면 당신에게는 변화가 필요합니다. 지금 당장 변화를 위한 일을 시작하세요. 지금 이 순간 당신의 마음에서 떠오르는 열망들을 실행에 옮기세요.

나를 변화시키는 하루 확언
당신이 원하는 당신의 마지막은 어떤 모습인가요?
당신의 마지막 순간을 상상해 보세요.

때가 되면 이루어질 것이다

서둘러 목표를 끌어당기려 하면
오히려 그것은 더 멀어지게 될 것이다.

요한 볼프강폰 괴테

목표를 성취하는 데 있어서 가장 피해야 할 것은 목표에 집착하는 것입니다. 집착하면 집착할수록 목표는 점점 더 멀어질 것입니다. 집착이라는 감정 속에는 목표가 이루어지지 않는다면 불행해질지도 모른다는 불안감이 숨어 있기 때문에 신념을 약화시키고 마음의 균형을 무너뜨립니다.

집착하지 마세요. 설령 목표가 이루어지지 않아도 감사하는 마음을 잃지 않겠다고 결심하세요. 조급해하지 마세요. 당신이 생각하는 것보다 더 좋은 때에 가장 좋은 방법으로 당신의 꿈은 이루어질 것입니다.

나를 변화시키는 하루 확언
내가 원하는 목표는 가장 좋은 때에 가장 좋은 방법으로 이루어질 것이다.

사소한 일로
앙숙관계를 만들지 마라

사람은 대개 사상의 대립보다는 성격의 충돌로 원수를 만든다.

오노레 드 발자크

    사람들 간의 관계가 소원해지고 심지어 원수지간이 되는 것은 큰일보다는 작고 사소한 일이 발단이 되는 경우가 많습니다. 작은 배려만 있어도 해결될 일을 사사로운 욕심 때문에 좋지 않은 인간관계를 만들게 되는 것입니다. 내가 조금 손해 보고 양보하는 것이 나쁜 인간관계로 인해 스트레스를 받고 시간과 에너지를 낭비하는 것보다 훨씬 순조로운 삶을 사는 방법입니다.

    사소한 일에 괜한 자존심을 앞세워 나쁜 인간관계를 만들지 마세요.

나를 변화시키는 하루 확언
나는 사소한 일에 크게 마음 쓰지 않는다.
나는 양보할 것은 양보하여 항상 좋은 인간관계를 유지한다.

부정적인 암시를 차단하라

귀는 가슴으로 통하는 통로다.

볼테르

인간은 태어나는 순간부터 18살이 될 때까지 무려 18만 번의 부정적인 말을 듣게 된다고 합니다. 수많은 사람들과 다양한 매체로부터 끊임없이 부정적인 암시를 듣게 되는 것입니다.

이러한 부정적인 암시들은 자신도 모르게 내면으로 파고들어서 우리의 생각과 감정에 강력한 부정적인 영향력을 행사합니다.

당신이 어떤 말을 듣는지 늘 주의를 기울이세요. 자신도 모르게 부정적인 암시에 걸려들진 않았는지 스스로를 관찰하세요. 당신의 내면과 자존감에 상처를 입히는 부정적인 말들을 적극적으로 차단하세요.

나를 변화시키는 하루 확언
나는 부정적인 말들은 차단하고 긍정적인 말들은 받아들인다.
나는 항상 내면에 긍정적인 생각과 감정들로 가득 채운다.

그들이 했다면 당신도 할 수 있다

이루기 어려운 일이라고 해서 불가능한 것이라고 여기지 마라.
오히려 그들이 할 수 있는 일이라면 나 역시 할 수 있다고 생각하라.

마르쿠스 아우렐리우스

당신과 비슷하거나 혹은 더 열악한 상황에서 당신이 두려워하는 불리한 조건들을 극복한 사람이 있었는지 알아보세요.

그들과 비교하였을 때 당신이 생각하는 한계가 과연 올바른 의견인지, 이성적이고 객관적인 입장에서 냉철하게 판단해 보세요.

이러한 과정을 통해 당신은 스스로 세운 한계가 실제로는 빈약한 근거를 가진 부정확한 주장임을 알 수 있을 것입니다.

나를 변화시키는 하루 확언
많은 사람들이 지금 내가 겪는 고난들을 이겨냈다.
그들이 극복했다면 나 역시 극복할 수 있다.

성공의 의미

> 진정한 성공이란 자신이 살던 세상보다 조금이라도 더 행복하고 살기
> 좋은 곳으로 만들어 놓고 떠나는 것이다.
> 자신이 한때 존재했음으로 해서 단 한 사람이라도
> 좀 더 평화롭게 살 수 있다면, 그것이 진정 성공한 삶이다.
>
> 랄프 왈도 에머슨

당신이 생각하는 성공의 의미는 무엇입니까?

단지 자신의 목표를 성취하는 것이 성공의 전부가 되어버린다면 어느 시점에 이르러서는 더 이상 새로운 목표를 찾지 못하고 성장을 멈춰버릴 것입니다.

당신이 가장 가치가 있다고 생각하는 것은 무엇입니까?

성공의 의미는 당신이 무엇을 가장 가치 있는 것으로 생각하느냐에 따라 달라집니다. 당신이 가장 궁극적으로 추구하는 최상의 가치를 찾아보세요. 그리고 나름의 성공의 의미를 정의해 보세요. 이것이 뿌리가 되어 끊임없이 적절한 목표를 제공하고 당신을 올바른 방향으로 이끌어 줄 것입니다.

나를 변화시키는 하루 확언
내가 가장 소중하게 생각하는 가치는 (   ) 이다.
나에게 성공이란 (   ) 이다.

지속적으로 자신을 성장시켜라

지속적인 자기 발전이 없으면
현재의 당신이 앞으로의 당신이 될 것이고,
당신이 될 수도 있었던 사람과 자신이 비교될 때
고통은 시작되는 것이다.

엘리 코헨

자신을 성장시키고 발전시키는 일에 대해서 게으름을 피우지 마세요. 현상 유지란 존재할 수 없습니다. 성장이 아니면 퇴보뿐이라는 것을 명심하세요. 꾸준히 자신을 계발하지 않는다면 차츰 시대의 흐름에 뒤처지게 될 것입니다. 끊임없는 지속적인 성장을 추구하세요.

나를 변화시키는 하루 확언
나는 지속적으로 나 자신을 성장시킨다.
나는 꾸준히 나를 발전시킬 목표와 계획을 세우고
이를 실천한다.

장기 목표를 세워라

목표는 장기적이어야 한다.
단기적인 목표는 일시적인 장애물에 부딪히면 쉽게 포기하게 된다.
그러나 장기적인 목표를 세우면 일시적인 장애물에 굴복하지 않고
장기적인 계획에 맞추어 보완하고 수정하며 갈 수 있다.

지그 지글러

목표를 설정할 때에는 반드시 눈앞의 실패에 좌절하지 않을 수 있는 장기목표를 계획하고 세워야 합니다. 장기 목표는 5~10년의 기한을 가진 목표로 자신이 이루고 싶은 가장 큰 목표를 설정할 수 있습니다.

우리가 이루고자 하는 원대한 꿈은 지금 당장 또는 단기 계획으로는 달성하기가 어렵습니다. 하지만 5년 혹은 10년이라는 시간을 두고 생각해 본다면 그 꿈이 불가능하지만은 않을 것입니다.

장기 목표를 세우고 부단히 노력하세요. 긴 시간 동안 당신이 얼마나 성장했을 지를 생각하며 큰 꿈을 장기목표로 설정해 보세요.

나를 변화시키는 하루 확언

나는 (   ) 년 이내에 (   )을 성취할 것이다.

후회(後悔)

후회는 해보았자 소용이 없다는 말이 있지만
후회한다고 이미 늦은 것은 아니다.

레프 니콜라예비치 톨스토이

후회의 後後자는 '뒤'라는 의미이며, 회梅자는 '뉘우치다'라는 의미입니다. 즉, 후회는 지나간 일에 대한 아쉬움이나 탄식이 아니라 뉘우침과 반성을 뜻합니다. 뉘우침과 반성이 있다는 것은 아직 희망이 남아있고 더 바람직한 결과를 만들 수 있는 가능성이 있다는 것입니다.

후회하는 순간은 모든 것이 끝난 순간이 아닙니다. 희망과 가능성이 남아 있는 순간입니다. 깊이 후회한다는 것은 새로운 삶을 산다는 의미가 될 수 있습니다.

나를 변화시키는 하루 확언
후회하는 순간은 아직 희망이 남아 있는 순간이다.
나는 희망을 바라보고 더 좋은 결과를 만들어 내겠다.

우선순위를 정하라

아무리 약한 사람이라도 단 하나의 목적에
자신의 온 힘을 집중한다면 그것을 성취할 수 있지만,
아무리 강한 사람이라도 여러 곳에 힘을 분산하면
그 어떤 것도 성취할 수 없다.

샤를 몽테스키외

인간이 가진 시간과 에너지에는 한계가 있습니다. 때문에 한정된 에너지를 어떻게 효율적으로 활용하느냐에 따라 인생의 성패가 결정됩니다. 하지만 지나친 욕심으로 여러 가지 일을 동시에 하려고 한다면, 어느 한 가지도 제대로 할 수 없습니다. 반드시 각각의 일에 대한 중요도를 책정해서 우선순위를 정한 다음 순서대로 하나씩 처리해야 합니다.

매일 저녁, 내일 해야 할 일을 종이에 적어보세요. 그리고 중요도에 따라 어떤 순서대로 일을 처리해 나갈 것인지 우선순위를 정하도록 하세요. 그렇다면 내일은 보다 알찬 하루를 보낼 수 있을 것입니다.

나를 변화시키는 하루 확언
나는 항상 체계적으로 계획을 세워 일한다.
나는 중요도에 따라 우선순위를 정해서 하나씩 일을 처리한다.

경험의 폭이
사고의 다양성을 결정한다

어느 누구든 그의 지식은 자기 경험의 한계를 넘을 수 없다.

존 로크

언제부턴가 우리 사회는 창의적인 아이디어를 생산하는 사람을 이상적인 인재라고 여기게 되었습니다. 복잡하고 변화가 심한 현대 사회에서 예기치 못한 문제들을 효과적으로 해결하기 위해서는 창의적인 아이디어가 필요하기 때문입니다.

제한적이고 단편적인 경험을 한 사람의 생각은 일반적인 수준을 넘지 못합니다. 창의적인 사고를 하기 위해서는 무엇보다 다양한 경험이 필수적입니다. 다양한 경험을 통해 사고의 폭을 넓히면 다채롭고 창의적인 생각을 할 수 있습니다.

다양한 경험을 쌓으세요. 갖가지 경험을 통해 얻은 창의적인 사고방식이 당신을 사회가 요구하는 필요한 사람으로 인정받게 할 것입니다.

나를 변화시키는 하루 확언
나는 다양한 경험을 쌓는다.
나는 그 경험들을 바탕으로 창의적으로 사고한다.

실패를 먼저 받아들여라

실패를 받아들이기로 작정하고 도전한다면
이 세상에서 무엇이든지 할 수 있다.

윌리엄 서머싯 몸

실패가 두렵다면 의지를 다지기 전에 앞서 실패를 감당할 각오부터 우선 다짐하세요. 실패했을 때 일어날 수 있는 일을 미리 예상해 보고 스스로 감당해야 할 일들을 감당해 내겠다고 결심하세요.

실패 없는 성공을 바라지 마세요. 큰일을 성취하는 과정에 실패의 과정은 당연한 것입니다. 하지만 일을 추진하는 과정에서 맞이하게 되는 실패를 받아들이고 정신적으로 이미 극복하였다면 더 이상 실패가 두렵지 않을 것입니다.

나를 변화시키는 하루 확언
나는 실패가 두렵지 않다. 또한 어떤 실패도 감당할 마음이 있다.
나에게 실패는 끝이 아니라 성취의 과정일 뿐이다.

화를 내기 전에
다시 한 번 생각하라

누구나 화를 낼 수 있다. 화를 내는 일은 쉬운 일이다.
그러나 올바른 방식으로 화를 내는 것은 쉬운 일이 아니다.

아리스토텔레스

화를 내는 일은 어려운 일이 아닙니다. 아무리 사소한 일이라도 화를 내고자 한다면 얼마든지 이유를 만들어 화를 낼 수 있습니다.

그렇지만 때로는 정당하게 화를 내야 할 때가 있기도 합니다. 적절한 훈계와 비판이 없이는 잘못된 것을 바로잡기가 힘든 경우도 있기 때문입니다. 하지만 모든 일이 그렇듯 화를 내는 일 또한 적절한 타이밍을 잡기란 쉬운 일이 아닙니다. 상대방이 마음의 준비되지 않았을 때에는 적절한 비판도 비난으로 받아들일 수 있기 때문입니다.

올바른 때에 올바른 방법으로 화낼 수 있도록 잠시만 멈춰서 생각해 보세요.

나를 변화시키는 하루 확언
나는 올바른 때에 올바른 방법으로 화를 낸다.

자아상을 수술하라

자신이 자기 자신을 스스로 생각하는 자아 이미지는 우리의 전체적인
인격과 행동을 형성하는 전제이자 기초이며 삶의 밑바탕이 된다.

맥스웰 몰츠, 『성공의 법칙』 중에서

자신에 대한 부정적인 신념을 가진 사람은 자신을 '실패자'
혹은 '실패할 사람'으로 생각함으로 좋은 기회가 주어진다 하더
라도 결국 실패할 확률이 높습니다.

뚱뚱한 사람이라는 자아상을 가진 사람은 습관적으로 정크
푸드를 찾게 되고, 자신은 수학을 못하는 사람이라는 자아상을
가진 사람은 조금만 어려운 문제가 나와도 난 원래 수학을 못
하니까 하고 이내 포기해 버립니다.

부정적인 자아상을 수술하세요. 자신감이 넘치고 무엇이든
해낼 수 있는 긍정적인 자신의 자아상을 확립하세요.

자기 혁신은 긍정적인 자아상으로부터 시작합니다.

나를 변화시키는 하루 확언
평소 미숙한 일이 있다면 그 일을 능숙하게 해내는 자신을,
성공적인 삶을 살아가는 자신을 상상해 보세요.

매일 자기성찰의 시간을 가져라

오늘 잘못된 일을 내일 고치지 아니하고,
아침에 후회하던 일을 저녁에 고치지 못하면
군자의 보람이 없을 것이다.

율곡 이이

하루의 일을 마쳤다면 오늘 일을 스스로 성찰하고 반성하는 시간을 가지세요. 반성이 없이는 성장도 없습니다.

하루 중 스스로 잘못했다고 판단되는 일을 되짚어 보고 다시는 같은 실수를 하지 않겠다고 결심하세요.

매일 이와 같은 생각이 습관이 된다면 스스로 자신의 부족한 부분을 채울 수 있으며 자신의 단점과 평소의 나쁜 습관들을 고칠 수 있을 것입니다.

나를 변화시키는 하루 확언
나는 매일 성찰의 시간을 갖는다.
나는 나의 단점과 나쁜 습관들을 고치기 위해 노력한다.

실패를 감당할 용기

마법사가 말했다.
"최초의 가르침을 시작하기 전에 한 가지 당부하고 싶은 것이 있네.
일단 길을 발견하게 되면 두려워해선 안 되네. 실수를 감당할 용기도 필요해.
실망과 패배감 그리고 좌절감은 신께서 길을 드러내 보이는데 사용하는 도구들이라네."

파울로 코엘료, 『브리다』 중에서

당신은 어떤 목표를 추구하든 성취를 위한 과정 속에서 수없이 많은 실수와 좌절과 실패를 경험하게 될 것입니다. 목표를 성취하기 위해서 당신은 예상보다 더 많은 실패와 시행착오를 겪어야 할지도 모릅니다. 이러한 실패들은 일이 진행되는 과정상 반드시 필요하기 때문에 일어난 일일뿐 결과론적인 실패는 아닙니다. 하지만 과정상의 실패들을 성공적인 결과로 이끌기 위해서는 무엇보다 실패를 감당할 용기를 가져야 합니다. 실패와 좌절은 아직 당신이 배워야 할 것이 아직 더 남아 있다거나 혹은 더 좋은 문으로 가기 위한 과정일 뿐입니다.

나를 변화시키는 하루 확언
고작 몇 번 실패했다고 해서 일이 끝난 것이 아니다.
나는 실패를 딛고 결국 승리할 것이다.

당신은 꼭 필요한 사람이라고 말해주라

나는 이제 친구, 동료 심지어 적대적인 사람에게도 온화한 미소를 지으면서 칭찬할 점을 찾을 수 있다.
인간의 본성은 인정받고 싶어 하는 갈망이 자리하고 있다는 사실을 깨달았기 때문이다.

오그만디노

모든 사람들에게는 타인으로부터 인정받고 싶은 기본적인 욕구가 있습니다. 자신이 꼭 필요한 존재임을, 자신이 정말 가치 있는 존재임을 확인 받고 싶어 합니다.

사람들의 마음을 얻고 싶다면 인정받고자 하는 그들의 마음을 채워주세요. 그들의 장점을 찾아 그들에게 말해주고 그들의 가능성과 가치를 인정해주세요. 그들이 세상에 꼭 필요한 존재임을 당신이 확인시켜 주세요.

그들은 당신의 말에 기뻐하며 당신에게 마음을 열어 줄 것입니다.

나를 변화시키는 하루 확언
나는 사람들의 가치를 인정한다.
나는 그들이 세상에 꼭 필요한 사람임을 말해준다.

우유부단함은 죄악이다

결단을 내리지 않는 것이야말로 최대의 해악이다.

데카르트

재능 있는 사람이 이따금 무능한 사람으로 보이게 되는 것은 성격이 우유부단하기 때문인 경우가 많습니다. 제때에 결정을 내리지 못하는 사람들은 주변 사람들을 힘들게 합니다. 우유부단한 사람들은 주변 사람들에게 희망고문을 하거나 소중한 시간을 낭비하게 합니다.

우유부단한 성격이 여리고 선한 성품임을 나타내는 징표라고 착각하지 마세요. 우유부단함은 선한 성품을 보여주는 것이 아니라 결단력의 부재를 보여주는 것, 그 이상도 이하도 아닙니다.

결단력 있는 사람이 되세요. 아무것도 선택하지 않는 것은 자신을 비롯한 다른 사람들의 소중한 시간과 기회를 빼앗는 결과를 초래합니다.

나를 변화시키는 하루 확언
나는 결단력 있는 사람이다.
나는 항상 올바르게 결단한다.

우선 자신을 행복하게 하라

수많은 갈등 요소에 휘둘리도록 자신을 내맡기고,
너무나 많은 요구들에 부응하려 애쓰며,
엄청난 양의 업무를 수행하도록 강요하고,
모든 곳에서 모든 사람들을 도우라고 자기에게 강요하는 것은
결국 폭력에 굴복하라는 것이다.

토머스 머튼

당신이 가장 아끼고 사랑해야 할 사람은 그 누구도 아닌 바로 자기 자신입니다. 당신이 늘 지켜주고 보듬어 주며, 위로하고 격려해 주어야할 사람 또한 자기 자신입니다. 당신이 세상 어느 누구보다 행복하게 해 주어야할 사람은 바로 당신 자신입니다.

무엇보다 우선 자기 자신을 행복하게 해주세요.

나를 변화시키는 하루 확언
나는 나를 아끼고 사랑한다.
나는 나를 행복하게 할 것이다.
나는 나에게 멋지고 근사한 삶을 선물할 것이다.

배움에 투자하라

배움을 위해 재물을 아끼지 마라.
젊은이가 해야 할 일은 돈을 모으는 것이 아니라
그것을 사용하여 장차 쓸모 있는 사람이 되기 위한
지식을 배우고 그것을 갈고 닦는 훈련을 하는 것이다.

헨리 포드

배우는 일에 돈을 아끼지 마세요. 자신의 전문성을 향상시키고 능력을 키우기 위한 배움에 아낌없이 시간과 돈을 투자하세요. 능력 향상을 위해 배움에 돈을 쓰는 일은 결코 낭비가 아닙니다. 그것은 미래의 수익을 위한 현명한 투자입니다.

지금 당장의 작은 이익을 위해 배움에 인색하다면 시간이 흘러서도 지금과 같은 수익을 유지하거나 심지어 언젠가는 생존에 위협을 받을 수도 있습니다.

배움에 투자하세요. 전문성을 향상시키고 능력을 기르는데 자신의 시간과 돈을 투자하는 것을 아까워하지 마세요. 배움으로써 갈고 닦은 실력이야말로 가장 확실한 보험입니다.

나를 변화시키는 하루 확언
나는 배우는 일에 시간과 돈을 아끼지 않는다.
나는 배움에 투자하여 전문성과 능력을 지속적으로 향상시킨다.

자유의지

이론적으로 아무리 인생이란 다사다난하고 변화무쌍하다는 것을 이해하고 있다고 해도 실제로 어떤 예기치 못한 일이 벌어지면 혼란에 빠지기 쉽다.
그러나 이러한 난관을 극복할 수 있는 힘이 인간에게 있다는 걸 아는가.

백정미, 『긍정의 생각이 데려온 일곱 손님』 중에서

인생이 힘들고 지칠 때 사람들은 운명을 믿게 됩니다. 불안하고 두려운 감정 속에서 거스를 수 없는 운명이 자신을 휘감고 있다는 생각에 사로잡혀 버립니다. 이제 더 이상 지금의 상황을 변화시킬 어떤 힘도 자신에게 남아 있지 않다고 생각될 때도 있습니다. 하지만 인간은 자유의지를 가진 독립적이고 가치 있는 존재입니다.

삶의 끈을 놓치지 마세요. 부정적인 상황과 생각에 휘둘리지 마세요. 어떤 상황에 처하든 당신은 자신의 태도와 행동을 스스로 결정하고 변화를 만들어 낼 수 있습니다.

나를 변화시키는 하루 확언
나는 세상이라는 10퍼센트의 환경 속에서
행복한 90퍼센트의 인생을 만든다.

배려(配慮)

걸음을 걷기 힘든 곳에서는 남을 생각하여
한 걸음 물러설 줄 알아야 하고, 걸어가기 쉬운 곳에서는 남에서 양보하
는 마음을 베풀도록 노력해야 한다.

『채근담』 중에서

　남을 위해 양보하고 작은 배려를 베푸는 일은 손해를 보는
것이 아닙니다. 다른 사람을 위한 작은 선(善)은 비록 겉으로
크게 드러나 보이지는 않지만 자신의 인생에 조금씩 차곡차곡
쌓입니다.

　항상 선한 마음으로 다른 사람을 배려하는 습관을 가지세
요. 당신이 쌓은 배려는 언젠가는 행운과 기회로 당신에게 다
시 돌아올 것입니다.

　남을 위한 배려는 사람의 마음을 얻는 힘이 됩니다.

나를 변화시키는 하루 확언
나는 배려하는 사람이다.
항상 다른 사람의 처지를 이해하려고 노력한다.

사냥감과 사냥꾼

인생을 성공으로 이끄는 사람은
목표를 주시하고 항상 겨냥하고 있는 사람이다.

세실 B. 데밀

주어진 환경과 상황에 지배당하는 사람은 운명에 쫓기는 사냥감과 같습니다. 그들은 언제나 쫓기기만 합니다. 하지만 운명에게서 이기고자 하는 사람은 꿈과 목표를 쫓는 사냥꾼이 됩니다. 그들은 끊임없이 성장을 추구하며 결국에는 꿈을 성취해 자신이 원하는 삶을 창조해 냅니다.

쫓기는 자가 아닌 쫓는 자가 되십시오. 운명에 휘둘리는 자가 아닌 운명을 지배하는 자가 되세요. 환경과 운명에 쫓기는 사냥감이 아니라 꿈과 목표를 쫓는 사냥꾼이 되세요.

나를 변화시키는 하루 확언
나는 내 운명의 창조자이자 지배자다.
나는 사냥감이 아닌 꿈과 목표를 쫓는 사냥꾼이다.

소소한 행복을 위한
작은 소비는 투자다

"1년간 모닝커피를 먹지 않고 그 커피 값을 모으면
대출금을 좀 더 갚을 수 있겠지. 하지만
모닝커피를 먹지 않으면 기분이 좋지는 않을 거야."

시티뱅크, 광고 중에서

절약도 중요하지만 매일매일 당신의 행복한 마음을 유지하는 것은 그보다 더 중요한 일입니다. 기분 전환을 위해 지출하는 작은 돈은 낭비가 아닙니다.

맛있는 모닝커피 한잔으로 당신의 아침이 행복할 수 있다면 그 돈을 기분 좋게 쓰십시오. 비단 커피만을 말하는 것이 아닙니다. 부담을 느끼지 않을 정도의 작은 소비로 당신이 생활이 즐거울 수 있다면 그것은 사치가 아니라 투자입니다. 소소한 삶의 행복을 위해 자신에게 시간과 돈을 투자하세요.

나를 변화시키는 하루 확언
나는 돈의 노예가 아닌 주인이다.
나는 매일의 행복을 위해서 나에게 줄 작은 선물을 준비한다.

비교의식을 버려라

"아드님은 보통 사람과 달라요. 아이큐가 75입니다."
"그래요, 교장선생님. 우린 모두가 각자 다르니까요."

영화 〈포레스트 검프〉 중에서

자신을 다른 사람들과 비교함으로써 스스로를 과소평가하지 마세요. 우리들 각자는 모두 다르고 특별한 존재입니다. 누구도 똑같은 사람이 없습니다. 또한 누가 더 우월하고 열등한 사람은 없습니다. 그저 우리는 각기 다른 특별한 존재일 뿐입니다.

평범한 인간은 도대체 누구입니까?

우월과 열등의 기준이 될 평범한 인간은 없습니다. 신은 평범한 인간을 만들지 않았습니다. 당신은 당신이라는 그 자체로 이미 신의 완벽한 걸작, 완벽한 존재입니다.

나를 변화시키는 하루 확언
나는 더 이상 나를 남과 비교하지 않는다.
나는 세상에 단 하나밖에 없는 가장 특별한 존재이다.

불필요한 참견을 흘려보내라

사람들의 참견으로부터 자유롭게 되는 것은
위대한 일을 성취하는 첫 번째 전제 조건이다.

게오르크 헤켈

가끔 이런저런 일을 간섭하며 참견하는 사람들 때문에 일이 제대로 진행되지 않는 경우가 있습니다. 아무런 도움도 되지 않는 조언들을 마구 남발하는 그들을 보면 신경이 쓰이고 귀찮기도 합니다. 때로는 그들의 페이스에 말려들어 계획했던 일들을 망치기도 합니다.

불필요한 참견 따위는 무시해 버리세요. 그들의 말에는 당신을 위한 배려나 도움이 될 만한 지혜는 담겨 있지 않습니다.

나를 변화시키는 하루 확언
나는 불필요한 참견들은 흘려버린다.
나는 흔들리지 않고 나만의 페이스를 유지한다.

기회 앞에서 과감한 결단을 내려라

누군가 당신에게 어떤 일을 해낼 수 있느냐고 물어올 때마다
"나는 그 일을 확실하게 해낼 수 있습니다."라고 자신 있게 말하라.
막상 그 일에 부딪쳐 최선을 다하다 보면,
어떻게 그 일을 해낼 수 있을 것인지 요령이 생기기 때문이다.

시어 도어 루스벨트

저기, 앞장서서 길을 가고 있는 저 사람은 단호하게 결단을 내리고 당신이 두려워하는 일을 실행하는 사람입니다. 당신 역시 당신 앞에 기회가 나타났다면 그처럼 망설이지 말고 실행에 옮겨보세요.

자신을 의심하며 '내가 과연 이것을 해낼 수 있을까?' 스스로를 의심하지 마세요. 기회는 아무에게나 주어지는 것이 아닙니다. 당신이 할 수 없는 일이었다면 당신에게 그 기회가 찾아오지도 않았을 것입니다.

기회라는 놈은 누굴 기다리는 인내심이 별로 없다는 특성이 있습니다. 기회 앞에서 과감하고 단호하게 결단을 내리세요.

나를 변화시키는 하루 확언
나는 결단력 있는 사람이다.
나는 기회 앞에서 과감하고 단호하게 결단한다.

시간을 아껴라

인간은 항상 시간이 모자라다고 불평하면서
마치 시간이 무한정 있는 것처럼 행동한다.

루기우스 세네가

우리에게 주어진 시간에는 한계가 있습니다. 인간이 제아무리 발버둥을 쳐도 죽음을 피할 수는 없습니다. 또한 우리는 한순간도 쉬지 않고 시간을 소모하면서 차츰 죽음에 가까이 가고 있습니다. 할릴 없이 시간을 낭비하며 보낼 시간이 우리에게는 주어지지 않았습니다.

당신에게 주어진 시간을 소중하고 가치 있는 일들로 채우세요.

나를 변화시키는 하루 확언
나는 시간을 소중히 여긴다.
나는 나에게 주어진 시간들을 가치 있는 일들로 가득 채운다.

두 마리 늑대

만약 마음속에서 '나는 그림그리기에 재능이 없어'라는 음성이 들려오면
반드시 그림을 그려보아야 한다.
그 소리는 당신이 그림을 그릴 때에야 잠잠해진다.

빈센트 반 고흐

사람은 누구나 내면에 두 마리의 희고 검은 늑대를 키우며
살아갑니다. 흰 늑대는 겸손하고 온유하며 친절하고 선한 성
품을 지니고 있습니다. 항상 당신에게 긍정적인 에너지를 불
어넣어주며 용기와 희망을 주지요. 반면 검은 늑대는 게으르
고 교만하며 분노와 질투로 가득 차 있습니다. 항상 당신의 마
음을 온갖 부정적인 감정들로 채웁니다.

흰 늑대와 검은 늑대는 항상 우리 내면에서 싸웁니다. 그리
고 대개는 검은 늑대가 이깁니다. 왜냐 하면 사람들은 주로 검
은 늑대에게 먹이를 주기 때문입니다. 인간이 검은 늑대에게
주로 주는 먹이는 포기, 의욕상실, 실망, 좌절 등 쉽게 결정할
수 있는 것들입니다. 하지만 흰 늑대는 당신이 하기 싫고, 힘든
것을 요구합니다. 끈기, 노력, 할 수 있다는 자신감 등.

지금 당신은 어느 늑대에게 먹이를 주고 있나요?

나를 변화시키는 하루 확언
나는 항상 내면의 긍정적인 목소리에 귀를 기울인다.

집중력(集中力)을 가져라

성공의 첫 번째 요건은 육체적, 정신적 에너지를 낭비하지 않으면서
하나의 문제에 집중할 수 있는 능력이다

토머스 에디슨

성공이란 마술도 눈속임도 아닙니다. 그것은 집중하는 법을
배우는 것입니다. 집중력은 한 가지 일에 마음을 모으는 능력
을 말합니다. 무슨 일을 하든 집중하지 않으면 일의 효율성과
질이 떨어지게 됩니다. 제대로 집중하면 여섯 시간 걸릴 일을
30분 만에 끝낼 수도 있습니다. 그러나 정신을 집중하지 못하
면 30분이면 끝낼 일조차 여섯 시간을 해도 끝나지 않습니다.

당신의 머릿속을 한 가지 일로만 채우세요. 인간은 컴퓨터
처럼 여러 가지 일을 동시에 수행하는 멀티태스킹이 가능하지
않은 존재입니다. 당신이 지금 꼭 해야 할 그 일에 집중하세요.

나를 변화시키는 하루 확언
나는 집중력이 뛰어난 사람이다.
나는 집중력을 가지고 제대로 해낸다.

심판관이 되지 마라

두 사람이 모두 승리를 바라고 있는 어떤 문제가 있을 때
결코 그들 사이의 심판관이 되지 마라.
한쪽 편을 들으면 친구를 한 사람 얻을 수는 있으나, 한 사람은 잃게 된다.

제레미 테일러

괜한 관심으로 사람들 사이에 끼어들어서 분쟁이 일어나는 사건의 심판관을 자처하는 것은 위험한 일입니다. 당신이 끼어들면서 일이 더 복잡해지거나 싸움이 더욱 커질 수도 있으며 당신에게 해가 되는 일이 생길 수도 있습니다.

그 사람들 사이의 시시비비는 그들 스스로 가리도록 내버려 두세요. 당신이 어떤 판단을 내리든 그들은 당신을 원망할 것입니다.

때와 장소를 가리지 않는 관심은 자신에게 해를 끼칠 뿐입니다. 상황이 어떻게 돌아가든 당신은 그저 그들의 합의를 지켜보는 데에 만족하세요.

나를 변화시키는 하루 확언
나는 심판관이 아니다. 나는 사람들 사이의 사소한 시비에 불필요한 참견을 하지 않는다.

TIME FOR PLAN B

현명한 사람은 내일을 대비하기 위해 오늘 그에 대한 준비를 해야 하지만, 그러나 모든 달걀을 한 바구니에 모두 담지는 않는다.

미겔데 세르반테스

TIME FOR PLAN B'라는 말이 있습니다.

플랜 A, 즉 처음 목표로 했던 것이 실패로 돌아갔을 때를 대비한 플랜 B를 준비하라는 말입니다.

사람들이 가장 두려워하는 것은 실패 자체보다는 실패 이후에 무엇을 해야 할지 몰라 방황하는 것입니다.

항상 플랜 B를 준비해두세요. 플랜 B를 세워 둠으로써 실패를 대비하고 실패에 대한 지나친 두려움과 집착을 막을 수 있을 것입니다.

나를 변화시키는 하루 확언
나는 항상 '플랜 B'를 준비한다.
나는 플랜 B를 통해 실패의 두려움을 예방한다.

스스로 한계를 정하지 마라

자신의 한계를 단정하지 마라.
당신은 당신의 마음이 정하는 만큼 갈 수 있다.
당신이 믿는 것, 당신은 그걸 성취할 수 있다!

메리 케이 애시

우리는 스스로 자신에게 너무 많은 한계를 부여합니다. 자신에게 한계를 정해주지 마세요. 당신은 당신이 생각하는 것보다 더 많은 능력과 잠재력을 가지고 있습니다. 당신이 상상할 수 있고 믿을 수 있는 일이라면 어떤 일이든 이룰 수 있습니다.

한계는 오직 당신 안에만 존재합니다. 당신은 당신이 할 수 있다고 생각하는 만큼 성취할 수 있다는 것을 기억하세요.

나를 변화시키는 하루 확언
나는 스스로 그 어떤 한계도 두지 않겠다.
나는 내가 꿈꾸고 상상하는 모든 것들을 이룰 수 있다.

신뢰 (信賴)

아무리 보잘 것 없는 것이라도 약속한 일은
상대방이 감탄할 정도로 정확하게 지켜야 한다.
약속을 어기면 그만큼 서로의 믿음이 약해진다.

데일 카네기

언제부턴가 우리들은 약속을 가볍게 여기는 경향이 있습니다. 친한 사이일수록 서로 간의 약속을 쉽게 어깁니다. 친한 사이이니 약속 시간에 조금 늦는 것쯤은 별것 아니라고 생각하기 때문이지요. 하지만 약속을 하는 사람은 약속한 사람에게 빚을 지고 있는 것입니다.

신뢰는 모든 인간관계의 기본입니다. 서로간의 약속을 가볍게 여기는 것만큼 서로간의 신뢰도 가벼워지는 것입니다.

작은 약속이라도 무겁게 생각하세요. 약속 시간에 늦는 것을 당연한 것으로 여기지 마세요. 신뢰는 갑자기 생기는 것이 아니라 서로 간의 믿음이 조금씩 쌓여서 이루어지는 것입니다.

나를 변화시키는 하루 확언
나는 약속을 소중히 생각한다.
나는 최선을 다해 약속을 지킴으로써 신뢰를 쌓아간다.

당신은
다양한 지능을 가지고 있다

사람의 능력은 여덟 개 이상의 지능이 있다.
때문에 어떤 일을 수행하든 누구나 다중지능을 활용할 수 있다.

하워드 가드너, 『하워드 가드너의 다중지능』중에서

알프레드 비네에 의해 만들어진, 소위 IQ 테스트로 알려진 지능검사는 사실 성적이 부진한 아이들을 위한 새로운 교수법을 만드는 것이 목적이었습니다. 하지만 본래의 연구 목적과는 다르게 지능검사는 지능이 높은 사람과 낮은 사람으로 구분하여 지능이 낮은 사람들을 성장가능성이 낮은 사람들로 낙인을 찍어버렸습니다.

이후 하워드 가드너의 '다중지능 이론'을 통해서 밝혀진 사실, 사람이 가진 지능은 단일한 것이 아니라 최소 8개 이상 존재하며 또한 이 지능들은 각각 독립성을 갖추고 있음을 증명했습니다. 이것은 누구나 교육과 훈련을 통해 성장시킬 수 있는 8개 이상의 독립적인 지능을 지니고 있다는 의미로써, 예를 들어 당신에게 수학적 지능이 부족하다 하더라도 다른 언어나 음악적 지능은 얼마든지 높을 수 있다는 말이기도 합니다.

당신에겐 다양한 능력들이 잠재되어 있고 노력 여하에 따라 얼마든지 성장시킬 수 있습니다. 어떤 교육학자도 인간의 성장 가능성을 제한한 일이 없습니다.

당신의 발전 가능성에 선을 그어 버린 것은 당신 자신이거나 혹은 잘못된 학교 교육이겠지요.

아직 늦지 않았습니다. 이제라도 당신의 성장 가능성을 제한하는 고정관념들을 지워버리세요. 과거의 경험이나 학교 성적 따위는 중요하지 않습니다.

중요한 것은 당신은 얼마든지 성장하고 발전할 가능성이 충분한 존재라는 사실입니다.

나를 변화시키는 하루 확언
나는 발전하고 성장할 가능성이 충분하다.
나는 내가 원하는 만큼
나 자신을 더 높은 수준으로 끌어올릴 수 있다.

습관 훈련

습관이 가진 위대한 힘의 진가를 깨달아야 한다.
그리고 습관을 창조하는 것이 훈련을 통해서라는 사실을 이해해야 한다.

폴 게티

습관은 교정 불가능한 것이 아닙니다. 습관은 교육과 반복적인 행동에 의해서 만들어지는 것입니다. 다시 말해 습관이란 적절한 훈련을 받기만 하면 누구나 자유롭게 좋은 습관을 습득할 수 있는 것입니다.

좋은 습관을 지니고 싶거든 의식적으로 좋은 습관을 지닐 수 있도록 훈련하세요. 충분한 훈련을 거친다면 당신이 원하는 어떤 훌륭한 습관이라도 당신 또한 지니게 될 수 있습니다.

나를 변화시키는 하루 확언
나도 훈련을 통해 얼마든지 좋은 습관을 지닐 수 있다.
나는 꾸준한 훈련을 통해 좋은 습관들을 지닌다.

언젠가 알게 될 것이다

지난 삶을 돌이켜보면 때로는 잘못된 선택을 한 것처럼 보이는 경우가 있다. 하지만 어떤 차원에서 보면 그 당시로는 그것이 최선의 행동이었음을 깨닫는다. 지금 어떠한 일이 당신의 선택을 기다린다 하여도 자신이 옳다고 생각하는 그 일을 하라.

말로 모건, 『무탄트 메시지』 중에서

모든 것을 지금 다 알려고 하지 마세요. 지금 당신 앞에 있는 일들이 당신 인생에서 어떤 의미가 될 것인지 지금은 당장 모든 것을 알려고 고민하지 마세요.

인생의 기점들은 앞으로는 연결지을 수 없습니다. 그것은 오로지 뒤로만 이을 수 있습니다.

지금 내게 일어난 일들이 내 인생에 어떤 의미를 가지는지, 내 미래에 어떤 영향을 끼칠지는 지금으로서는 결코 알 수 없습니다. 하지만 언젠가 시간이 흐른 후에 뒤를 돌아보았을 때에는 지금 이 순간이 나의 인생에서 어떤 의미였는지 깨달을 수 있을 것입니다. 당신은 그저 지금 할 수 있는 일에 최선을 다하면 됩니다.

나를 변화시키는 하루 확언
나는 오직 지금 내가 해야 할 일에 집중한다.

지금 가진 것을 보라

나는 내가 갖지 못한 것을 바라보며 불행하다고 생각한다.
그러나 다른 사람들은 내가 가진 것을 보고
내가 행복할 것이라고 생각한다.

마리라그랑주

당신은 당신이 생각하는 것보다 더 많은 것을 가졌습니다. 누군가는 당신을 보며 부러워하고 동경할 것입니다. 지금 당신이 가진 것을 많은 사람들이 갖고 싶어 했으며, 지금 당신이 앉아 있는 자리 역시 수많은 사람들이 도전하였다가 실패한 자리입니다.

당신은 스스로 생각하는 것보다 이미 많은 것을 얻었고 충분히 행복할 만한 사람입니다. 당신이 불행하다고 생각하는 것은 어디까지나 당신스스로 만들어낸 감정일 뿐, 이미 당신은 충분히 행복할 만한 조건을 갖춘 사람입니다.

나를 변화시키는 하루 확언
나는 충분히 많은 것을 가졌다.
나는 내가 가진 것에 집중한다.

성실의 기준을 높여라

매일 세 시간밖에 일하지 않으면서도
자신이 너무 많은 일을 한다고 생각하는 사람이 있다.

지그 지글러

성공하는 사람과 실패하는 사람의 차이는 성실의 기준입니다. 예를 들어, 하루 동안 해야 할 일의 양을 100이라고 한다면 성공하는 사람들은 100의 일을 하고 이에 10~20을 더 했을 때에야 비로소 나름대로 성실히 일했다고 생각합니다. 반면에 실패하는 사람들은 100중의 80만을 일을 해도 정말 많은 일을 성실히 일했다고 판단합니다.

사람들이 스스로 성실했다고 생각하면서도 실패하는 이유가 바로 여기에 있습니다. 실패하는 사람들은 성실에 대한 기준이 낮아서 진실로 성실한 사람들에 비해 이루어 내는 성과가 낮은 것입니다.

성실의 기준을 높이세요. 스스로 더 높은 기준을 제시하고 그 기준에 맞추도록 노력하세요.

나를 변화시키는 하루 확언
나는 누구보다 성실의 기준이 높다.
나는 내가 해야 할 일보다 더 많은 성과를 만들어 낸다.

위기를 기회로 만드는 지혜

어떤 불행은 오히려 희망의 분기점이 된다.
불행을 슬퍼하지 말고 새로운 출발점으로 삼아라.
불행에 굴복하여 비탄에 잠기지 말고
그 불행을 이용하는 지혜로운 사람이 되라.

오노레드 발자크

한자의 '위기(危機)'란 단어는 두개의 글자로 이루어져 있습니다. 한 글자는 위험을 뜻하고 다른 하나의 글자는 기회를 뜻합니다.

우리가 처하는 위기의 상황들 속에는 항상 신이 주시는 기회가 숨겨져 있습니다. 사람은 위험한 상황이 닥치지 않으면 정신을 차리고 적극적으로 기회를 찾으려 하지 않기 때문에 위기의 상황을 맞이하는 것입니다.

위기 속에서 기회를 찾으세요. 겉으로 보이는 위험에 현혹되지 마세요. 위기 속에서 당신을 위해 준비된 기회를 잡으세요.

나를 변화시키는 하루 확언
나는 위기가 두렵지 않다.
나는 위기 속에 숨겨진 기회를 잡는다.

생각에는 끌어당기는 힘이 있다

物常緊於所好 (물상취어소호)
물건은 언제나 그것을 좋아하는 사람에게로 모인다.

구양수, 송나라문인

생각에는 자석처럼 자신이 생각하는 것을 끌어당기는 힘이 있습니다. 그래서 항상 자신이 어떤 생각을 하고 있는지 주의해서 살펴보아야 하는 것입니다.

당신이 원하는 것을 생각하세요.

당신이 오늘 생각한 그것이 내일 당신을 찾아갈 것입니다.

나를 변화시키는 하루 확언
생각에는 끌어당기는 힘이 있다.
나는 생각의 힘을 이용하여
내게 필요한 기회와 자원들을 끌어당긴다.

운명은 선택하는 것이다

운명이란 닭장 속에 떨어진 매의 알과 같은 것이다.
스스로 닭처럼 평범하고 무료한 삶을 선택할 수도 있고
매처럼 힘찬 날갯짓을 하면서 일생을 살아갈 수도 있다.

순자

당신이 닭으로 태어났는지 매로 태어났는지는 사실 전혀 중요한 문제가 아닙니다. 인간이란 모든 가능성이 열려 있는 존재이니까요.

당신이 어떤 믿음을 가지느냐에 따라서 당신은 닭이 될 수도 있고, 매가 될 수도 있습니다. 결국 운명이란 신에 의해 주어진 것이 아니라 우리 스스로에 의해 선택되어 지는 것입니다. 진정 당신은 닭입니까? 매입니까?

나를 변화시키는 하루 확언
내 운명은 내 손안에 달려있다.
내 운명은 내가 선택한다.
나는 (   ) 할 운명이다.

마음을 넓게 가져라

깊은 강물은 돌을 던져도 흐려지지 않는다. 하지만 조그만 웅덩이의 물은 돌을 던지면 담고 있던 모든 물을 밖으로 쏟아낸다. 모욕을 받고 이내 화를 내는 인간은 조그마한 웅덩이에 불과하다.

레프 니콜라예비치 톨스토이

살다 보면 정말 짜증나게 하는 사람들이 있습니다. 하지만 어디를 가더라도 나를 힘들게 하는 사람, 나와 의견이 잘 맞지 않는 사람은 있기 마련입니다. 하지만 매사를 그들에게 신경 쓰고 그들이 하는 작은 말 한마디에 기분을 망쳐버린다면 하루도 마음 편할 날이 없을 것입니다. 그렇지만 우리는 타인을 자신에게 맞춰 변화시킬 수는 없습니다. 내가 변화시킬 수 있는 것은 오직 자기스스로의 마음이 있을 따름입니다.

그들을 탓하기보다 당신이 좀 더 넓은 마음을 가진 사람이 되도록 노력하세요. 그들이 떠드는 시간에도 당신의 행복과 마음의 평화를 지키는 데에 집중하세요. 스스로 마음을 넓게 키운다면 그들의 어떤 행동이나 말에도 더 이상 힘들어 하지 않을 것입니다.

나를 변화시키는 하루 확언

나의 마음은 깊고 넓다. 나는 어떤 말에도 쉽게 흔들리지 않는다.

순리를 거스르지 말자

만족할 줄 안다면 한평생 욕됨이 없을 것이고,
거기에서 멈출 수 있다면 한평생 부끄러움이 없을 것이다.

『명심보감』중에서

순간의 욕심에 눈이 어두워 순리를 거스르는 어리석은 일을 하지마세요.

목표를 이루기 위해 노력해야 하지만 인간의 도리와 세상의 순리를 거스르면서까지 과욕을 부린다면 반드시 화를 면치 못할 것입니다. 부정적인 이득은 당장은 기쁠지도 모르지만 훗날 반드시 그로 인해 큰 어려움이 닥칠 것입니다.

만족해야 할 때 만족하고, 멈추어야 할 때 멈추세요.

나를 변화시키는 하루 확언
나는 불필요한 과욕을 부리지 않는다.
나는 순리대로 삶을 유지하여 문제가 될 수 있는 일을 만들지 않는다.

무리하게 설득하지 마라

자신의 의견이 비록 옳다하더라도
무리하게 남을 설득시키려고 하는 것은 현명한 일이 아니다.

바뤼흐 스피노자

세 사람이 한자리에 모이면 서로의 의견이 각각 다를 수 있습니다. 자신과 의견이 다르다고 하여 무리하게 남을 설득시키려 하는 것은 결코 지혜로운 일이라고 할 수 없습니다. 대개 사람들은 다른 사람의 의견에 설득 당하는 것을 싫어하기 때문입니다. 의견이란 못질과 같아서 두드리면 두드릴수록 자꾸 깊이 들어갈 뿐입니다. 물론 우리는 올바르지 않은 생각을 가진 사람을 설득하기 위해 노력해야 합니다. 그가 현명한 판단을 할 수 있게끔 도와주어야 합니다. 하지만 그들의 감정을 상하게 하면서까지 무리하게 설득하려 한다면 반드시 문제가 생길 것입니다.

그들이 어떤 선택을 하건 그들이 스스로 만족해하면 그것으로 당신도 만족하는 마음을 지니세요.

나를 변화시키는 하루 확언

나는 다른 사람들이 올바른 선택을 할 수 있도록 돕는다. 하지만 무리하게 강요하여 다른 사람의 기분을 상하게 하지 않는다.

독창성을 발휘하라

어떤 한 사례가 모든 사람에게 통용되는 것은 아니다.
각자 자기에게 알맞은 방식을 찾도록 하라.

요한 볼프강폰 괴테

다른 사람의 성공적인 방식이 반드시 당신에게도 적합한 것은 아닙니다. 자기 스스로 독창성을 발휘해 보세요. 당신에게는 당신에게 더 적합하고 효과적인 방법이 있을 것입니다.

다른 사람의 것이 아닌 당신만의 성공적인 방식을 만들어 보세요.

나를 변화시키는 하루 확언
나에게는 내게 적합한 방법이 있다.
다른 사람을 무작정 따라가기보다는 내게 더 효과적인 방법을 찾아보자.

두려움을 이기고 시도해 보라

두려움을 가로질러 스스로 길을 열어나간다면,
그리고 모든 가능한 기회를 누릴 능력이 있다면,
우리는 그렇게 바라던 그런 인생을 살아볼 수 있을 것입니다.
엘리자베스 퀴블러로스

인간은 어느 누구도 내일을 확신할 수 없는 존재이기에 불안감과 두려움을 안고 살아갑니다. 하지만 앞으로 나아가는 사람과 주저앉는 사람의 차이는 일에 대한 두려움을 이겨낼 용기를 가졌느냐 하는 것입니다.

두려움이 있을지라도 그것을 이겨내며 시도해 보세요. 용기를 갖고 당신이 원하는 것을 향해 손을 뻗어 보세요. 실패에 대한 두려움, 내일에 대한 불안감이 가슴을 옥죄어 오더라도 두 눈을 질끈 감고 앞을 향한 한걸음을 내딛으세요. 그렇게 한 걸음씩 두려움을 뚫고 나아간다면 신은 분명 당신을 위한 길을 열어주실 것입니다.

나를 변화시키는 하루 확언
나는 두려움을 이겨내고 나의 목표에 도전한다.
나의 도전에 신은 성공의 길을 열어 놓을 것이다.

외모와 본질은 별개이다

매력이 넘치는 얼굴을 너무 믿지 마라.
아름다움은 곧 사라지는 매력이다.

비르질리우스

미국의 29대 대통령 워런 하딩.

카리스마가 느껴지는 그의 외모는 누가 보아도 믿음직한 대통령의 얼굴입니다. 하지만 그는 역대 최악의 대통령으로 손꼽히는 인물로 기록되었습니다. 사실 그는 대통령으로서의 어떤 자질도 갖추지 못했습니다. 그저 술과 포커를 좋아하는 인물이었죠. 그런 그가 정계에 진출하게 되고 대통령에 당선된 것은 그의 외모 때문이었습니다.

외모와 본질은 별개입니다. 그러나 사람들은 외모만 보고 그 사람의 성격이나 내면까지 평가해 버리는 잘못을 종종 저지르곤 합니다. 외모만 보고 사람을 성급하게 판단하지 마세요. 자칫 당신도 성급한 판단으로 최악의 인연을 만날 수 있습니다.

나를 변화시키는 하루 확언
나는 외모를 보고 사람을 평가하지 않는다.
나는 신중히 사람의 인격과 능력을 관찰한다.

장기적인 안목을 가져라

눈앞의 작은 이익에만 급급하다보면
결코 큰 것을 잡을 기회를 얻을 수 없다.
멀리 보고 크게 움직여야 큰 것을 성취할 수 있다.

엘빈 펠트너

소탐대실(小食大失)이라는 사자성어가 있습니다. 작은 것을 탐하다 큰 것을 잃는다는 말입니다. 작은 이익에 집착하기보다 장기적인 안목을 갖고 큰 이익을 도모해야 합니다.

작은 것을 내어주고 큰 것을 얻으세요. 큰 이익을 얻기 위해서 작은 이익은 아쉽지만 포기하거나 얼마간의 손해를 감수하는 것이 더 현명한 판단입니다.

나를 변화시키는 하루 확언
나는 작은 이익에 집착하지 않는다.
나는 장기적인 안목을 갖고 멀리 내다본다.

명확한 기한을 정하라

기한 없는 목표는 탁상공론에 불과하다.
기한이 없으면 일을 진행시켜 주는 에너지가 발생하지 않는다.
당신의 목표를 불발탄으로 만들지 않으려면 분명한 기한을 정하라.
기한을 정하지 않는 목표는 총알 없는 총에 불과하다.

브라이언 트레이시, 『목표 성취의 기술』 중에서

기한이 정해지지 않은 목표는 탄알이 장전되지 않은 총과 같습니다. 물론 기한을 정한다고 해서 반드시 목표를 이룰 수 있을 것이라는 보장은 없습니다. 하지만 기한을 정해두지 않는다면 당신은 훨씬 늦게 목표를 달성하게 될 것입니다. 때문에 목표를 정할 때에는 반드시 분명한 기한을 정해 놓아야 합니다.

명확한 기한을 정하고 그때까지 목표를 성취할 수 있도록 자신을 독려하세요.

나를 변화시키는 하루 확언
목표에 반드시 기한을 설정하자.
내가 조금 게으르다고 생각된다면 조금 빠르게,
반대로 시간에 쫓기는 편이라면 조금 여유 있게.

역경 앞에 무릎 꿇지 마라

힘든 난관에 부딪히게 되면
고개를 높이 들고 정면을 바라보며 이렇게 외쳐라.
"역경! 나는 너보다 강하다. 너는 결코 나를 이길 수 없다!"라고.

앤 랜더스

역경과 시련을 마주 했을 때 두려움에 움츠러들지 마세요. 설령 걱정과 근심이 몰아친다 해도 결코 움츠러든 약한 모습을 보이지 마세요. 당당한 모습을 보일 수는 없을지라도 비굴하지 마세요. 두렵고 무서워도 이겨낼 수 있다고 극복할 수 있다고 말하세요.

"나는 어떤 어려움도 이겨낼 수 있다. 이까짓 것쯤 아무것도 아니야.",

"지금은 힘들지라도 나는 이 고난을 이겨낼 수 있어.",

"지금 이 고비도 곧 지나갈 거야."라고 소리치세요.

사람의 인생이 말하는 대로 이루어진다는 것을 기억하세요.

나를 변화시키는 하루 확언

나는 무한한 잠재력과 가능성이 있다.
나는 어떤 역경과 시련도 이겨낼 수 있다.

좋은 기억만 저장하라

즐거웠던 일, 좋은 기억만을 떠올리며 매 순간을 즐겨라.

오노 요코

세상을 살다 보면 좋은 일도 나쁜 일도 있습니다. 그렇지만 사람은 가급적이면 좋은 일만 기억하고 싶지만 언제나 오래도록 기억되는 것은 나쁜 기억일 경우가 많습니다.

나쁜 일은 잊고 좋은 일만 기억하고 싶다면 다음과 같이 해 보세요.

머릿속에 컴퓨터 모니터 화면을 상상해 보세요. 그리고 안 좋았던 기억들을 모니터 화면 위에 파일의 모습으로 그려내세요. 그리고 마음 속 마우스를 이용해 파일들을 드래그해서 휴지통으로 옮기세요. 그리고 휴지통에 들어 있는 파일들을 영구히 완전 삭제하세요. 마지막으로 내 모든 불행한 기억들은 지워졌고, 이제는 오직 기쁘고 행복한 기억으로만 가득하다고 다짐하세요.

나를 변화시키는 하루 확언
이제 나는 불필요한 기억은 모두 지워버렸다.
내 마음속에는 오직 기쁘고 행복한 기억들로 가득하다.

받은 축복을 헤아려 보라

괴로운 일에 부딪혔을 때,
우선 감사할 가치가 있는 것을 찾아서 그것에 충분히 감사하라.
그러면 마음에 평온함이 찾아오고 기분이 가라앉으며,
어려운 일도 견뎌낼 수 있을 것이다.

아르투르 쇼펜하우어

감사는 우리의 눈을 어둠에서 빛으로 향하게 하고, 긍정적인 시각으로 세상을 바라보게 해줍니다. 힘들고 괴로운 일에 부딪혔을 때 지금까지 자신이 받은 은혜를 헤아려 보세요. 예상치 못한 행운들과 어려운 시련들을 이겨낸 일들을 떠올려 보세요. 그리고 지금까지 있었던 많은 감사할 만한 일들을 종이 위에 적어보세요.

자신도 모르는 사이에 마음의 균형을 잡을 수 있을 것입니다.

나를 변화시키는 하루 확언
나는 지금까지 받은 축복들을 헤아려 본다.
또한 감사할만한 일들을 생각한다.
지금 내가 누리고 있는 축복들에는 무엇이 있는지 생각해 본다.

165

실수와 실패가 지혜를 만든다

성공은 항상 좋은 판단의 결과이고,
좋은 판단은 경험의 결과이다.
경험이란 가끔은 잘못된 판단의 교훈이었음을 기억하라.

앤서니 라빈스

성공은 수없이 많은 실수와 실패의 경험, 잘못된 판단의 경험에서 추출된 지혜가 모여 만들어지는 것입니다. 잠깐의 넘어짐은 곧 배움의 과정입니다. 넘어지고 일어서기를 반복하면서 점점 더 승리에 가까워진다는 것을 기억하세요.

나를 변화시키는 하루 확언
잘못된 판단의 경험이 곧 성공을 위한 지혜를 만든다.
실패의 경험이 쌓일수록 나는 점점 더 성공에 가까워진다.

게으르면서 행복한 사람은 없다

대개 행복한 삶을 사는 사람은 성실한 노력가인 확률이 높다.
게으름뱅이가 행복하게 사는 것을 보았는가!
노력의 결과로써 얻는 성과의 기쁨 없이는 누구도 참된 행복을 누릴 수
없다.
수확의 기쁨은 그 흘린 땀에 정비례하는 것이다.

월리엄 블레이크

이따금 우리의 삶에서 게으른 사람들이 더 즐거워 보일 때가
있습니다. 그래서 열정을 다해 땀 흘리며 살아가는 사람들은
가끔 그러한 상황이 당황스럽고 억울하게 느껴지기도 합니다.
그럼에도 우리가 잊지 말아야 할 것은 게으르면서 행복하고 성
공적인 인생을 살았던 사람은 결코 없었다는 사실입니다.

성실함을 유지하세요. 때가 되면 우리가 지난날 땀으로 쌓
은 노력과 열정들이 그 진정한 가치를 드러낼 것입니다.

나를 변화시키는 하루 확언
나는 오늘도 열심히 산다.
내가 쌓은 노력은 반드시 나에게 행복으로 돌아올 것이다.

자기 본연의 모습으로 살아가라

나는 여러분에게 성공의 공식은 장담할 수 없지만
실패의 공식은 확실하게 말할 수 있습니다.
실패의 공식이란 모든 사람을 만족시키기 위해 노력하는 것입니다.
허버트 베이야드 스워프

다른 사람에게 친절히 대하고 배려하라는 말이, 자기 본연의 모습을 잃으면서까지 봉사해야 한다는 뜻은 아닙니다. 다른 사람의 맘에 들기 위해 필요 이상으로 자신의 모습을 바꾸려고 하지 마세요. 다른 사람의 맘에 들기 위해 인생을 사는 것이 아니니까요.

자기의 본래 모습 그대로, 자신의 방식대로, 자신을 위해 살아가세요.

그것이 결국 다른 사람에게까지도 좋은 영향을 주는 모습입니다.

나를 변화시키는 하루 확언
나는 다른 사람의 관심을 얻기 위해 살아가지 않는다.
나는 내 본연의 모습대로 열심히 산다.

시각화(visualization)

강력한 상상은 현실을 창조한다.

미셸드 몽테뉴

상상력은 원하는 현실을 창조하는 영적인 힘입니다. 상상은 환상이 아닌 실체입니다. 인간은 상상을 통해서 신에게 부여받은 영적 창조력을 발휘합니다.

자신이 원하는 것이 이루어진 장면을 머릿속으로 그려보는 것을 시각화라고 합니다. 시각화를 통해 머릿속에 생생하게 그려진 그림은 스스로 생명력을 얻어 당신이라는 도구를 통해 현실을 창조해 나갑니다.

시각화 작업을 제대로 하기란 무척 어려운 일이기에 어느 정도의 훈련이 필요합니다. 작은 것부터, 평소에 흔히 볼 수 있는 장면들을 시각화를 해보세요. 눈에 보이는 것들을 시각화 할 수 있다면 당신이 이루길 원하는 가상의 장면들도 차츰 시각화 할 수 있을 것입니다.

나를 변화시키는 하루 확언
나는 내가 이루고 싶은 미래를 시각화를 통해 생생하게 그려본다.

자신의 걱정에 의문을 제기하라

해결될 문제라면 걱정할 필요가 없고,
해결이 안 될 문제라면 걱정해도 소용없다.

티베트 격언

지금 걱정하고 있나요?

무엇을 그리 걱정하고 있나요?

당신의 걱정은 어떤 의미가 있나요?

당신의 고민이 이 상황을 변화시킬 수 있나요?

당신의 고민으로 해결될 수 없는 문제라면 걱정을 멈추세요. 해결될 일이라면 걱정할 필요가 없을 테고 당신이 해결할 수 없는 문제라면 다른 사람이 나타나거나 상황이 변화되거나 다른 사람의 도움 등으로 시간이 지나면 어떻게든 해결이 될 테니까요.

기억하세요. 당신은 살아오면서 많은 문제들이 있었고, 대부분의 문제들은 당신도 모르는 사이에 해결되어 왔다는 것을 말입니다.

나를 변화시키는 하루 확언
무의미한 걱정을 멈추자.
내가 해결할 수 있는 문제라면 잘 해결될 것이다.

함께할 때 더 큰 힘을 발휘한다

빨리 가려면 혼자 가고,
멀리 가려면 함께 가라

아프리카속담

인간은 혼자일 때보다 다른 사람과 함께 협력할 때 더 많은 일을 이루어 낼 수 있습니다. 혼자서 하면 어려운 일도 다른 사람과 함께 서로 믿음으로 협력함으로써 훌륭한 결과를 만들어 냅니다.

당신을 도와줄 사람을 찾으세요. 당신의 부족함과 필요를 채워 줄 사람이 반드시 나타날 것입니다. 당신에게 힘을 보태 줄 사람과 함께 하세요. 당신 혼자일 때보다 더 높은 곳에까지 오를 수 있고, 더 먼 곳까지 갈 수 있을 것입니다.

나를 변화시키는 하루 확언
내게 힘을 보태줄 사람이 꼭 나타날 것이다.
나는 그들과 함께 목표들을 성취해 나갈 것이다.

열등감을 허락하지 마라

열등감에 사로잡혀 있는 사람은 단 한 번도
자신을 진심으로 바라본 적이 없는 사람이다.

크로거스

당신이 스스로 허락하지 않는다면 누구도 당신에게 열등감을 느끼게 할 수 없습니다. 다른 사람의 근거 없는 비난과 부정적인 말에 휘둘리지 마세요. 어떤 자아상을 선택할지는 오로지 당신의 선택에 달려 있습니다.

당신의 가치를 결정하는 것은 그들이 아니라 바로 당신 자신이라는 것을 명심하세요.

나를 변화시키는 하루 확언
내 가치를 결정하는 것은 나 자신이다.
나는 어느 누구와도 비교 할 수 없다.
나는 세상에서 가장 귀한 존재이다.

크게, 더 크게, 더욱 더 크게 생각하라

작은 목표를 품으면 작은 것을 이루게 되고,
큰 목표를 품으면 큰 것을 이루게 된다.

데이비드 조셉 슈워츠

목표가 작으면 성취할 수 있는 것 또한 작을 것입니다. 무엇을 꿈꾸고 계획하든 항상 상상할 수 있는 가장 큰 것을 생각하세요. 작은 주머니에는 큰 것을 넣을 수 없고, 짧은 줄의 두레박으로는 깊은 우물의 물을 퍼 올릴 수 없습니다.

사람들은 대개 큰 목표를 이루기가 작은 목표보다 더 어렵다고 생각합니다. 하지만 목표가 작으면 그것을 성취할 수 있는 방법이 한정되어 있기에 목표에 접근하기가 더 힘이 듭니다. 반면 목표가 크면 목표에 다가갈 수 있는 길이 훨씬 다양하기에 목표를 달성하는 방법도 다양합니다.

크게, 더 크게, 더욱 크게 생각하십시오. 당신의 목표치를 더욱 크게 높이세요.

나를 변화시키는 하루 확언
나는 목표를 크게 잡을 것이다. 나는 많은 것을 쟁취할 것이다.

먼저 경험한 사람들에게 배우라

누구나 자기가 최고라고 생각한다.
그래서 많은 사람들이 이미 경험한 선배의
지혜를 무시하는 경우가 있다. 그래서 눈이 새롭게 떠질 때까지
실패를 겪어가며 세상을 헤매곤 한다.
이 얼마나 어리석은 짓인가?
먼저 경험한 사람의 지혜를 이용하여
같은 실패와 시간낭비를 되풀이 하지 말라.

요한 볼프강폰 괴테

당신의 선배들에게 그들의 경험과 지혜를 배우세요. 선배들은 당신이 할 수 있는 모든 실수들을 이미 경험하고 극복해낸 사람들입니다. 그들이 이미 겪었던 시행착오를 또다시 당신이 겪는다는 것은 얼마나 비효율적인 일입니까?

그들의 실수와 잘못들 그리고 그들이 극복해낸 일들을 타산지석으로 삼아 조금 더 효율적인 성장을 추구하세요.

나를 변화시키는 하루 확언
나는 나보다 먼저 경험한 선배들의 지혜를 발판삼아 더 효율적으로 성장한다.

벼랑으로 뛰어들기

틀릴 수 있는 기회를 절대 포기하지 마라.
그 기회를 포기한다면 새로운 것을 배워
전진할 수 있는 능력을 상실하게 되기 때문이다.

데이비드 M. 번스

때로는 실패할 수밖에 없는, 무모하게 보이는 일에도 도전을 해야 합니다. 미래의 승리를 위해서 지금 실패함으로써 배워야 할 것이 있다면 떨어질 것을 알면서도 벼랑으로 뛰어들어야 합니다.

당신에게 실패할 수 있는 기회를 주세요. 미래의 승리를 위한 의도적인 패배는 결코 패배가 아닙니다. 실패함으로써 더 많은 것을 배울 수 있다면 과감히 벼랑으로 뛰어드세요.

나를 변화시키는 하루 확언
단 한 번의 시도로 목표를 성취할 수 없다.
실패함으로써 얻을 수 있는 것이 있다면 과감히 실패를 경험하자.

천천히 가도 늦지 않을 것이다

단기적인 이익이나 승부에 집착하다보면 당장에는 작은 이익을 볼 수
있을지 몰라도 장기적으로 보면 실패할 가능성이 높아진다.
눈앞의 이익에 현혹되기보다는 장기적인 관점에서 판단하고
차근차근 일을 진척시켜 나가는 것이야말로
참된 성공에 이르는 길이다.

안철수

조급한 마음으로 서두르다 보면 실수도 잦아지지만 무엇보
다 빨리 지치게 됩니다. 인생은 생각보다 그렇게 짧지 않습니
다. 남들이 가는 속도에 아무 생각도 없이 따라가려고 하지 마
세요.

그들의 인생과 당신의 인생은 가는 길이 전혀 다르니까요.

조금만 더 여유를 가지세요. 긴 호흡을 유지하면서 천천히
한 걸음씩 나아가세요. 분명 늦지 않은 때에 원하는 목적에 도
달할 수 있을 것입니다.

나를 변화시키는 하루 확언
나는 천천히 한 걸음씩, 긴 호흡으로 걸어간다.
나는 적당한 시간에 목적지에 도달할 수 있다.

지나친 경쟁의식을 버려라

우리가 해야 할 일은 다른 사람들을 앞지르는 것이 아니라
자기 자신을 앞지르는 것이다.

스튜어트 B. 존스

당신이 극복해야 할 사람은 당신의 경쟁자가 아니라 자기 자신입니다. 경쟁자들이 아닌 당신 자신에게 집중하세요. 자신만의 레이스를 펼치세요. 경쟁자들의 일거수일투족에 신경을 쓴다면 정작 중요한 자신의 일은 제대로 하지 못할 것입니다.

당신은 당신이 할 수 있는 일에 최선을 다하면 됩니다. 당신의 경쟁자들이 무엇을 하든 당신이 해야 할 일들이 달라지지는 않습니다. 경쟁자들을 견제할 힘이 남아 있다면 자신의 일에 더 집중하고 힘을 쏟으세요.

나를 변화시키는 하루 확언
내가 이겨야 할 상대는 경쟁자가 아닌 바로 나 자신이다.
나는 오로지 나 자신에게 집중하고 내가 해야 할 일을 한다.

행복을 결심하라

인간은 스스로 자신이 행복하려고
결심하는 만큼 행복할 수 있다.

에이브러햄 링컨

    행복한 삶을 살고 싶다면 먼저 행복을 결심해야 합니다. 그러기 위해서는 먼저 자신이 얼마나 행복해지고 싶은지 알아야 합니다. 스스로에게 질문해 보세요.

    당신은 얼마나 행복해지고 싶습니까?

나를 변화시키는 하루 확언
나는 (　　　　)만큼 행복해졌으면 좋겠다.

한 번에 하나씩만 해결하자

한 번에 한 가지 이상의 문제를 인생바구니에 담아서 짊어지지 마라.
에드워드 에버렛 헤일

성급한 마음에 여러 가지 문제를 한 번에 해결하려고 한다면, 어느 것 한 가지도 제대로 해결할 수 없을 것입니다. 대개 곤란한 문제는 하나의 문제가 다른 여러 가지의 문제를 일으키는 경우가 많습니다. 여러 가지 문제 중 가장 핵심적인 한 가지 문제부터 해결하세요. 영향력이 가장 큰 문제를 해결하면 다른 문제들을 해결하는 일이 이전보다 훨씬 수월해질 것입니다.

나를 변화시키는 하루 확언
여러 가지 문제를 동시에 해결할 수는 없다.
나는 가장 영향력이 큰 문제를 먼저 해결하고 다른 문제를 해결한다.

당신은 최고의 행운아다

"매일 무슨 옷을 입을까 고르는 것과 마찬가지로
무슨 생각을 할까 고르는 법을 배워야 해.
그건 네가 얼마든지 기를 수 있는 힘이야.
네가 정말로 네 인생을 통제하고 싶다면 마음을 훈련시켜.
그거야말로 네가 세상에서 유일하게 통제할 수 있는 거니까."

엘리자베스 길버트, 『먹고, 기도하고, 사랑하라』중에서

입버릇처럼 "난 왜 이렇게 재수가 없지.", "나는 뭘 해도 안
된다니까.", "되는 일이 정말 하나도 없어.", "내가 하는 일이 다
그렇지 뭐."라며 부정적인 말을 쏟아내는 사람에게 행운이 찾
아갈리 없습니다.

"나는 정말 재수가 좋아.", "나는 운이 정말 좋다니까.", "나는
왜 하는 일마다 잘되지.", "난 뭘 해도 되는 놈이야.", "나는 무엇
이든지 다 잘할 수 있어."라고 긍정적으로 말하세요.

말의 힘으로 행운을 창조하세요. 당신은 정말 운이 좋은 최
고의 행운아가 될 수 있습니다.

나를 변화시키는 하루 확언
나는 정말 행운이야. 나는 정말 운이 좋아.
나는 왜 하는 일마다 잘되지. 나는 뭘 해도 다 잘되잖아.

가장 적합한 기회가 찾아온다

위대한 사람이 될 수 있는 기회는
나이아가라 폭포처럼 갑자기 한꺼번에 오는 것이 아니라,
한 번에 한 방울씩 떨어지는 물방울처럼 서서히 온다.

찰리 쿨렌

단번에 목표를 성취할 수 있는 결정적인 기회가 오지 않는 다고 조바심 내지 마세요. 때가 되면 당신조차 놀라워할 만큼 속히 이루어질 것입니다. 당신은 준비되어야 하고 그에 맞추 어 당신에게 가장 적합한 기회가 하나씩 찾아오는 것입니다.

당신이 기회를 잡거나 놓칠 때마다 당신은 성장하고 준비되 어가고 있습니다. 조금 더 여유를 가지고 눈앞의 기회에 최선 을 다하세요.

당신에게 다가오는 사소한 기회들이 당신을 가장 높은 곳으 로 인도해줄 계단이라는 것을 기억하세요.

나를 변화시키는 하루 확언
모든 기회는 나를 높이 올려줄 계단이다.
나는 내게 다가온 작은 기회들을 차근히 밟아가며 성장한다.

세상에 유익을 주는 사람이 되자

세상이 자신을 행복하게 만들어 주지 않는다고
불평하며 배 아파하고 열병을 앓는
이기적인 인간은 진정한 기쁨을 얻을 수 없다.
나는 나의 인생이 전체 사회 안에 속해 있으며,
내가 살아가는 동안 사회를 위해 무엇인가 할 수 있다는 것이
나의 특권이라고 생각한다.

스티븐 코비

세상에 반드시 필요한 사람, 세상에 없어서는 안 될 사람이 되십시오. 세상을 진보시키고 다른 사람들을 유익하게 하는 사람이 되세요. 세상을 더 따뜻하게 하고, 아름답게 하는 데 당신의 힘을 더하세요. 그 누구도 당신을 대체할 수 없는, 세상이 꼭 필요로 하고 세상에 유익을 주는 사람이 되세요.

나를 변화시키는 하루 확언

나는 세상에 필요한 사람이다. 나는 세상을 유익하게 한다.
나는 세상을 진보시키고 더 아름답게 만드는 사람이다.

슬로우 푸드처럼

개혁을 급하게 서두르는 것은
병을 고친다며 독약을 마시는 것과 같아서
몸만 심하게 해친다.

조광조, 조선 중기의 문신

사람은 쉽게 변하지 않습니다. 몇 년씩 쌓아온 습관이나 부정적인 사고방식이 한순간에 사라지지 않기 때문입니다. 조급한 마음에 그것을 개혁하기 위해 무리한다면 몸과 마음이 다칠 것입니다. 자신을 변화시키기 위해 너무 지나치게 무리하지 마세요.

슬로우 푸드가 오랫동안 천천히 맛을 우려내듯이 조금씩 천천히 자신을 변화시키세요. 그래야 당신만의 특별한 진미가 우러나올 것입니다.

나를 변화시키는 하루 확언
나는 조급하게 나를 변화시키려고 무리하지 않는다.
나는 천천히 그리고 꾸준히 나 자신을 성장시키고 발전시킨다.

고통이 없는 즐거움은 없다

추녀 끝에 걸어놓은 풍경은 바람이 불지 않으면 소리를 내지 않는다.
바람이 불어야만 비로소 그윽한 소리를 낸다.
인생도 무사평온하다면 즐거움이 무엇인지 알지 못한다.
힘든 일이 있었기에 비로소 즐거움도 알게 된다.

『채근담』중에서

누군가와 함께하는 것이 기쁜 것은 외로움을 알기 때문입니다. 휴식의 평안함은 치열한 삶이 있었기에 평화로운 것입니다. 성공의 단맛은 고난과 역경을 이겨냈기에 빛나는 것입니다.

세상의 모든 즐거움은 그와 반대되는 고통이 있기에 성립할 수 있습니다. 고통은 당신을 괴롭히기 위해 존재하는 것이 아니라 당신을 즐겁고 행복하게 하기 위해 존재하는 것입니다.

나를 변화시키는 하루 확언
내가 겪는 모든 어려움과 고난은
나의 미래에 행복과 즐거움을 위해 존재한다.

힘이 되는 사람들과 함께하자

함께 있으면 위로가 되고 힘이 되는 사람들과
함께하는 시간을 많이 만드십시오.
동일한 영적 가치에 삶의 토대를 두고 있는 사람들과
정기적으로 만날 때 당신의 삶에 도움이 됩니다.

에크낫 이스워런, 『마음의 속도를 늦춰라』중에서

긍정적인 에너지와 용기를 주는 올바른 태도의 사람들과 함께 하세요. 그러한 사람들과는 정기적으로 모임을 가지면서 서로가 가진 목표와 인생에 대해 이야기를 나눠보세요. 각자가 가진 긍정적인 에너지가 서로 모여 삶에 활력이 넘치는 시너지 효과가 나타날 것입니다.

혼자서 목표를 이루기 위해 고군분투할 때보다 서로를 지지하고 격려가 되어주는 사람들과 함께 함으로써 더 큰 힘과 용기를 얻을 수 있을 것입니다.

나를 변화시키는 하루 확언
나는 서로에게 힘을 주는 사람들과 함께 한다.
지금 이 순간 내게 용기를 주는 사람들이 몰려오고 있다.

자신의 현실을 선택하라

운명에 우연은 없다.
인간은 어떤 운명을 만나기 전에
스스로 그것을 만들고 있다.

토머스 윌슨

자신에게 스스로 원하는 모든 것을 가질 만한 자격을 부여하세요. 자신이 그만한 가치가 있는 사람이라고 믿고 완벽한 자기의 모습을 스스로 만들기 위해 노력하세요. 그런 다음 자신이 원하는 삶, 생각만 해도 가슴 뛰고 설레는 삶을 선택하세요. 그리고 선택한 삶이 이미 자신의 것이라고 믿으세요. 현재는 그저 당신이 원하는 삶으로 가는 과정일 뿐이라고 생각하세요.

자신이 선택한 현실이 이미 이루어졌다고 믿고 상상하세요. 그리고 당신의 믿음과 마음속의 그림을 굳건히 지키세요. 자신이 선택한 현실이 언젠가 반드시 당신의 현재가 될 날이 올 것입니다.

나를 변화시키는 하루 확언
나는 이미 행복을 위한 조건들을 다 갖추었다.
나는 완벽하게 온갖 고난을 이겨내고 성공한 사람이다.

항상 제대로 일하라

승리는 가끔 있는 일이 아니다. 늘 있는 일이다.
승리가 어쩌다 한 번씩만 당신을 찾는 것은
당신이 어쩌다 한 번씩만 일을 제대로 하기 때문이다.

빈스 롬바르디

오늘 자신에게 주어진 일에 최선을 다하세요. 하루 동안 해야 할 일을 잘 하는 것 또한 성공한 하루의 삶입니다. 성공은 그런 하루하루가 쌓여 만들어지는 것입니다. 수고하지도 않고 제대로 일하지도 않으면서 다른 사람의 인정받을 생각은 버리세요. 당신이 해야 할 일을 잘 해낸다면 어느 누구라도 당신을 인정할 것입니다.

나를 변화시키는 하루 확언
나는 모든 일에 최선을 다하여 일한다.
나는 사람들에게 인정받고 있다.

간절히 원한다면
절대 포기하지 마라

어떤 사람들은 목표에 거의 다다른 시점에서 계획을 포기한다.
반면에 어떤 사람들은 마지막 순간에 더욱 더
열정적인 노력을 쏟아 부음으로써 승리를 거머쥔다.

헤로도토스

당신이 마음을 다해 간절히 원하는 것이 있다면 절대 그것을 포기하지 마십시오. 인생을 걸어볼 만한 일을 찾기란 결코 쉬운 일이 아닙니다. 정말 원하는 것을 발견한 그 자체가 위대한 기회를 만난 일입니다. 절실하다면 결코 포기하지 마세요.

나를 변화시키는 하루 확언
나는 내가 원하는 것을 결코 포기하지 않는다.
나는 내가 원하는 소망들을 성취해 낸다.

기적을 믿어보라

세상을 살아가는 방법에는 두 가지가 있다.
기적이란 없다고 믿고 사는 것과 기적이 존재한다고 믿고 사는 것,
나는 후자의 삶을 선택하기로 했다.

아인슈타인

기적을 믿지 않는 사람과 믿는 사람에게는 큰 차이가 있습니다. 기적을 믿지 않는 사람에게 희망이란 없습니다. 그저 확률에 의한 게임과 삶이 있을 뿐입니다. 하지만 기적을 믿는 사람은 마지막까지 희망을 놓지 않습니다. 모든 가능성이 무너진 상황에서도 기적이라는 희망을 놓지 않고 있기 때문입니다. 그리고 그러한 믿음이 누구도 예상치 못한 기적과 같은 일을 만들어 내기도 합니다.

기적을 믿어보세요. 도저히 있을 수 없는 불운이 있을 수도 있지만 동시에 도저히 있을 수 없는 행운 또한 찾아올 수 있는 것이 바로 인생입니다.

나를 변화시키는 하루 확언
나는 기적을 믿는다.
지금 이 순간 상상할 수도 없는 기적 같은 일들이 내게 다가오고 있다.

장기목표와 단기목표를 연결하라

목표는 반드시 원대하게 잡아야 하지만
자신의 능력을 살펴가면서 점진적으로 접근해야 한다.

주자

장기 목표가 레이스의 끝이라면 단기목표는 장기목표에 도달하기 위한 계획이라고 할 수 있습니다. 아무런 준비 없이 시간만 보낸다고 장기목표가 갑자기 때가 되어 이루어지는 일은 없습니다. 큰 목표일수록 잘게 나누어야 합니다. 장기목표에 도달하기 위한 단기적인 목표들을 세워서 한 걸음씩 단계별로 나아가세요.

장기목표를 기준으로 하여 단기목표들을 세워보세요. 어떤 과정을 거쳐서 자신이 원하는 원대한 꿈을 이룰 것인지 장기목표와 단기목표를 유기적으로 연결하여 보세요.

나를 변화시키는 하루 확언
장기목표를 성취하기 위해 무엇을 준비해야할지 생각해 보세요. 필요한 요건들에 맞추어 단기 목표들을 만들고 어떤 순서로 장기적인 목표를 이루어 나갈지 연결해 보세요.

일이 주는 기쁨

사람은 항상 일을 하지 않으면 안 된다.
일을 함으로써 삶의 의미와 행복, 모두를 찾을 수 있다.

안톤 체호프

자신에게 해야 할 일이 있다는 것은 행복한 것입니다. 사람은 일을 할 때 비로소 세상에 자신이 필요한 존재라는 것을 느낍니다. 평생 하는 일 없이 놀기만 한다면 편하고 행복할 것 같지만 그것은 일시적인 만족일 뿐입니다. 고통 없이 즐거움이 성립할 수 없듯이 일 없이 편안한 휴식 또한 성립되지 않습니다. 해야 할 일이 없는 사람에게는 휴식이 하나의 힘든 일일 뿐입니다. 그들은 쉼이 주는 안식을 느끼지 못합니다. 지금 해야 할 일이 있다는 것에 감사하십시오. 당신에게 주어진 그 일이 당신의 존재를 가치 있게 하고 휴식의 평온함과 행복을 전해 줄 것입니다.

나를 변화시키는 하루 확언
나에게 주어진 일은 나를 가치 있게 하고 행복하게 한다.
나는 내가 해야 할 일이 있다는 것에 감사한다.

올바른 방향으로 나아가고 있다

어떻게 행동할까 망설이지 마라.
진리의 빛이 그대를 인도하고 있다.

루키우스 세네카

우리는 인생을 살면서 언제 어떻게 행동해야 할지 알 수 없어 답답할 때가 있습니다. 인생이라는 불확실성 앞에서는 누구도 정확한 정답을 알지 못합니다. 지혜로운 사람의 조언이라 할지라도 그것은 하나의 의견일 뿐 자기 인생의 매뉴얼은 될 수는 없습니다.

하지만 염려하지 마세요. 당신은 분명 올바른 방향으로 나아가고 있습니다. 당신이 스스로 확신을 가지고 항상 최선의 선택을 하며 삶을 살아간다면, 당신의 실수나 잘못까지도 합력하여 최선의 결과를 만들어 낼 것입니다.

지금은 알지 못해도 언젠가 뒤를 돌아보았을 때 당신의 모든 선택들이(설령 잘못된 선택일지라도) 하나로 연결되어 당신을 옳은 길로 인도하였다는 것을 알게 될 것입니다.

나를 변화시키는 하루 확언
나는 올바른 길로 가고 있다.
나의 모든 실수와 잘못들까지도 나를 좋은 길로 인도하기 위한 과정일 뿐이다.

세상의 중심은 바로 당신이다

내가 세상을 위해서가 아니라
세상이 나를 위해 존재한다.

토비아스 스몰렛

이 우주는 당신을 위해 만들어졌습니다. 다른 누구도 아닌 바로 당신을 위해서 말입니다. 어떤 사람들은 자신을 거대한 인간 사회의 작은 부속품쯤으로 여깁니다. 자신을 성공한 사람들을 위한 소모품이라고 생각하기도 합니다. 하지만 그것은 결코 진실이 아닙니다.

세상의 중심은 바로 당신입니다. 이 우주는 당신을 중심으로 움직입니다. 신과 우주는 언제나 당신에게 집중하고 있습니다. 당신이 무엇을 바라는지, 어떤 생각을 하는지, 어떤 말을 하는지 늘 지켜보고 당신의 내면에 따라 움직입니다. 그러기에 당신이 존재하지 않는다면 이 우주도 존재할 수 없습니다. 당신이 없다면 세상의 그 어떤 것도 존재할 수 없습니다. 언제나 세상의 중심은 바로 당신 자신이라는 것을 기억하십시오.

나를 변화시키는 하루 확언
나는 세상의 중심이다.
세상은 나를 중심으로 움직이며 나에게 집중하고 있다.

매일 감사하는 시간을 가져라

자신이 잃은 것을 한탄하는 시간보다는
자신에게 주어진 것에 감사하는 시간이 부족할 뿐이다.

헬렌 켈러

우리는 매일 불평불만을 쏟아내며 살아가지만 정작 감사하는 마음을 갖는 일은 드뭅니다. 인간은 근본적으로 부정적인 성격이 강하기 때문에 부정적인 말은 습관적으로 하지만, 긍정적인 말은 가능하면 잘 하지 않습니다. 때문에 시간을 내어 긍정적인 생각을 하고 긍정적인 말을 하도록 노력해야 합니다.

매일 시간을 정하여 감사하는 시간을 가져보세요. 오늘 하루 동안 있었던 일들 중에 감사할만한 일들을 기록해보는 것도 좋은 방법입니다. 매일 조금씩 쌓여가는 감사의 마음이 내면의 평화와 축복을 불러올 것입니다.

나를 변화시키는 하루 확언
감사할 만한 일들을 기록해 보세요.
힘들고 어려운 일이 있을 때마다 노트에 기록한 감사할 내용들을 읽어 보세요. 흐트러진 마음을 다잡고 다시 일어설 수 있는 힘을 얻을 수 있을 것입니다.

머뭇거리지 말고 잡아라!

원하는 사람을 만났다면 머뭇거리지 마세요.
기회는 자주 오지 않습니다. 자존심 따위는 생각하지도 마세요.

다이앤 소여

인생을 살면서 정말 좋은 사람, 내 마음에 쏙 드는 사람을 만나기란 그리 쉽지 않습니다. 좋은 사람을 만났다면 당신은 정말 천금 같은 기회를 얻은 것입니다. 망설이지 말고 그를 붙잡으세요.

화려하게 빛나는 보석을 탐내는 사람이 많듯이 세상에는 가치 있는 사람을 알아보는 사람도 많습니다. 자존심 세우다가 그가 떠난 후에 후회할지 모릅니다. 그가 뒤돌아 떠나기 전에 온힘을 다해 잡으세요.

나를 변화시키는 하루 확언
나는 용기 있는 사람이다.
나는 좋은 사람을 결코 놓치지 않는다.

링컨의 우울증

나는 어릴 때 가난 속에서 자랐기 때문에 온갖 고생을 참으며 살았다.
꼭 해내고야 말겠다는 불굴의 정신만 있으면
가난하더라도 반드시 큰 꿈을 이룰 수 있다.

에이브러햄 링컨

미국 역사상 가장 위대한 대통령으로 추앙받는 에이브러햄 링컨은 매우 심각한 우울증 환자였습니다. 매우 가난한 집안에서 태어난 그는 어린 시절 사랑하는 어머니와 누이를 잃었으며 아버지가 재혼을 한 15세 이후에는 집에서 쫓겨나 50세가 될 때까지 두 번의 파산, 아홉 번의 선거에서 낙선을 겪어야 했습니다. 그는 신경쇠약과 중증의 우울증으로 고달픈 삶을 살았기 때문에 그의 자살을 염려한 친구들이 돌아가면서 그를 감시할 정도였습니다.

그가 위대한 것은 그의 업적보다 인간이 처할 수 있는 가장 절망적인 상황에서도 다시 일어섰기 때문입니다.

나를 변화시키는 하루 확언
내가 겪은 시련과 고통에 비례해 훗날 내가 누릴 영광과 행복은 커질 것이다.

작은 일이라도 최선을 다하라

언뜻 보기에 보잘것없는 일일지라도 전력을 다해야 한다.
일은 그 일을 완성할 때마다 실력이 향상된다.
작은 일을 훌륭히 해내면, 큰일은 자연히 결말이 난다.

데일카네기

어렵고 힘든 일도 대충하고자 하면 쉽고, 쉬운 일도 잘하고자 하면 어려운 법입니다. 어떤 일이든 소홀히 대하면 그만큼 몸은 편하지만 배우는 것이 없습니다. 작은 일이라도 완벽히 하고자 하여 시간과 노력을 들인다면 비록 외적인 결과물이 작을지라도 내적인 성장과 발전을 얻을 수 있습니다. 비록 겉으로는 드러나지 않더라도 시간이 흐를수록 능력의 차이가 생기는 것입니다.

무슨 일이든지 최선을 다하십시오. 어떤 일도 무익한 일은 없습니다. 작은 일이라도 최선을 다한다면 분명 얻는 것이 있을 것입니다. 세상의 모든 일은 당신을 성장시키기 위한 교과서가 될 수 있다는 것을 잊지 마세요.

나를 변화시키는 하루 확언
내게 주어진 모든 일은 가르침을 주는 교과서다.
나는 작고 사소한 일이라도 최선을 다한다.

에너지 뱀파이어

누구든 당신의 꿈을 훔치지 못하게 하라.
당신의 꿈을 훔치려는 사람이 어디선가 나타날 것이다.
당신의 꿈을 도피자나 무기력자 등으로 인해
포기하는 일이 있어서는 절대로 안 된다.
당신의 승리는 당신이 예정해 놓았기 때문이다
밴 크로치, 「아무것도 갖지 못한 것이 기회가 된다」 중에서

에너지 뱀파이어란 다른 사람들의 긍정적인 에너지를 빨아먹는 사람들을 말합니다. 어느 무리에나 순한 양을 괴롭히는 고약한 양이 있습니다. 이처럼 인간 사회에도 어디를 가든 부정적으로 말하며 사람들의 에너지를 빨아먹는 뱀파이어들이 있습니다.

이런 사람들이 당신 주변에 있다면 과감히 절교하세요. 그들은 당신의 꿈을 좌절시킬 뿐 아니라 언젠가는 당신까지 에너지 뱀파이어로 만들 것입니다.

버려야할 것은 과감히 버려야 합니다.

나를 변화시키는 하루 확언
나는 에너지 뱀파이어들을 내 곁에 머물지 못하게 한다.
나는 그들을 과감히 내 인생에서 제거한다.

이미지 메이킹

우리는 모두 '나'라는 기업의 대표다.
오늘날 비즈니스 세계에서 살아남기 위해 가장 중요한 일은
'나'라는 브랜드의 책임자가 되는 것이다.

톰 피터스

우리는 자신을 가꿀 줄 알아야 하며 더 나아가 자신에게 어울리는 이미지를 스스로 연출해야 합니다. 사람들은 가장 먼저 눈에 보이는 당신의 외모로 당신을 판단합니다.

어쩌면 그것은 당연한 일이기도 합니다. 사람들은 신이 아니기에 당신의 내면까지 판단할 순 없습니다. 당신이 훌륭한 인격과 능력을 갖추고 있다고 하여도 사람들이 당신의 진정성을 파악하기 위해서는 어느 정도의 시간이 필요합니다.

어울리지 않는 옷차림과 이미지 때문에 당신의 역량이 감추어짐으로써 좋은 기회를 놓칠 수도 있습니다. 당신의 내면과 어울리는 이미지를 만드세요.

나를 변화시키는 하루 확언
나는 외모를 관리하는데 너무 인색하지 않았는지 생각해 본다.
나에게 어울리는 스타일을 찾자.

재능은 만들어지는 것이다

37년간 하루도 빠짐없이 14시간씩 연습한 나를
사람들은 '바이올린 천재'라고 부른다.

파블로 데 사라사테

파블로 데 사라사테는 스페인 출신의 19세기 가장 위대한 바이올리니스트입니다. 하지만 그는 바이올리니스트로서는 손이 작은 핸디캡이 있었습니다. 그는 이를 극복하기 위하여 하루 14시간씩 무려 37년간이나 연습했습니다. 그런 그를 사람들은 천재라고 불렀습니다.

사람들은 성공한 사람들을 평가할 때, 언제나 결과만을 보고 말합니다. 그들이 뒤에서 흘렸을 눈물이나 겪어야 했던 가혹한 역경, 그리고 그들의 좌절감은 전혀 생각하지 않습니다.

사실 재능이라는 것은 타고나는 것이 아니라 후천적인 노력에 의해 만들어지는 것입니다. 재능이 없음을 걱정하지 마세요. 당신 역시 사라사테처럼 얼마든지 재능을 만들어 낼 수 있습니다.

나를 변화시키는 하루 확언
나는 얼마든지 성장하고 발전할 수 있는 가능성이 있다.
나는 내게 필요한 재능을 노력으로 개발하고 성장시킨다.

조금 흔들려도 괜찮다

삶에 대한 가치관이 우뚝 서 있어도 때론 마음이 흔들릴 때가 있습니다.
간절히 이루고 싶은 소망도 때로는 포기하고 싶을 때가 있습니다.
그래서 가끔은 방황도 하고 때로는 모든 것들을 놓아버리고 싶을 때도,
그것을 외면할 때도 있습니다.
그러나 그러한 과정 뒤에 깨닫는 시간이 있습니다.
그것은 다시 희망을 품는 시간들입니다.
다시 시작하는 시간들 뒤에는 새로운 비상이 있습니다.
갈피를 잡지 못하는 마음의 혼란 또한 사람이 살아가는 모습입니다

헨리 워즈워스 롱펠로, 『인생예찬』 중에서

마음이 조금 흔들려도, 간혹 실수해도 괜찮습니다. 자신을
너무 자책하지 마세요.

방황하고, 실수하고 수많은 시행착오를 겪으며 성장해 나가
는 것이 우리의 삶이니까요.

나를 변화시키는 하루 확언
조금 실수해도, 조금 방황해도 괜찮다.
나의 모든 실수와 잘못들은 내가 올바른 방향으로 가기 위한 과
정일 뿐이다.

아름다운 사람

아름다운 입술을 갖고 싶으면
친절한 말을 하라.

사랑스러운 눈을 갖고 싶으면
세상의 좋은 점을 보라.

날씬한 몸매를 가꾸고 싶으면
너의 음식을 배고픈 사람들과 나누라.

아름다운 머리카락을 갖고 싶으면
하루에 한 번 어린이가 손가락으로
너의 머리를 쓰다듬게 하라.

아름다운 자세를 갖고 싶으면
결코 혼자 걷고 있지 않음을 명심해서 걸어라.

사람들은 상처로부터 치유되어야 하며
낡은 것으로부터 새로워져야 하고
병으로부터 회복되어야 하고
고통으로부터 구원받고 또 구원받아야 한다.
결코 누구도 버려서는 안 된다

기억하라!
만약 너의 도움을 필요로 하는 이가 있다면
너의 팔 끝에 있는 손을 이용하면 된다.
네가 더 나이가 들면
손이 두 개라는 것을 발견하게 될 것이다.

한 손은 너 자신을 위한 손이고,
다른 한 손은 다른 사람을 돕는 손이라는 것을.

오드리 헵번의 마지막 유언

당신 역시 당신을 알고 있는 사람들에게 아름다운 사람으로 기억되길 바랍니다.

나를 변화시키는 하루 확언
나는 내게 도움을 청하는 사람들을 외면하지 않는다.
나는 아름다운 세상을 만드는 일에 도움이 되는 사람이 될 것이다.

천천히 그러나 쉬지 말고

고진감래(苦盡甘來)

고통이 남기고 간 뒷맛을 맛보라!
고난이 지나가면 반드시 단맛이 깃든다.

요한 볼프강폰 괴테

고진감래(苦盡甘來)라는 사자성어가 있습니다. '쓴 것이 다하면 단것이 온다'는 뜻으로 고생 끝에 즐거움이 온다는 말입니다.

가끔은 인생이 오직 고(苦, 쓰다)만으로 기득 찬 것 같은 느낌이 들 때가 있습니다. 하지만 예상치 못한 어느 때쯤엔 어김없이 감(甘, 달다)이 찾아옵니다.

지금 너무 힘든 시간을 보내고 있기에 괴로우신가요. 조금만 더 힘을 내고 수고하십시오. 반드시 달고 맛있는 시간이 당신을 찾아올 것입니다.

나를 변화시키는 하루 확언
지금 이 순간 나의 노력에 대한 보상의 순간이 다가오고 있다.
나는 이제 곧 기쁨의 순간을 맞이하게 될 것이다.

끈기있게 기다려라

"나도 한때 우울증을 앓아서 그대의 마음을 이해할 수 있습니다.
나는 우울증이 기다림을 망각한 병이라는 것을 깨달았습니다.
기다릴 줄 알아야 합니다.

김태원, 록 밴드 부활

종종 스스로의 힘으로는 아무것도 할 수 없어서 갈피를 잡지 못할 때가 있습니다. 조급한 마음에 어떻게든 빨리 가슴속의 응어리를 해결하고 싶은 마음이 가득하지만 그저 하염없이 기다려야 할 때가 있습니다.

더 이상 할 수 있는 일이 아무 것도 없을 땐, 모든 것을 하늘의 뜻에 맡기고 인내심을 갖고 기다리십시오. 기다려야 할 때는 기다리는 것이 가장 현명한 행동입니다.

나를 변화시키는 하루 확언
나는 기다려야 할 때와 행동할 때를 안다.
나는 기다려야 할 때에는 여유와 인내심을 가지고 차분히 기다린다.

시작해야 해결책을 찾을 수 있다

어려우니까 손대지 못하는 것이 아니다.
과감히 시작하지 않으니까 어려워지는 것이다

루키우스 세네카

도저히 어디에서부터 손댈 수조차 없는 곤란에 부딪혔다면 과감하게 그 속으로 뛰어드십시오. 어떤 일이든, 어떤 문제든 처음부터 쉬운 일이 없으며 또한 끝까지 어려운 일도 없습니다.

하지만 아무것도 하지 않고 가만히 바라보고만 있다면 아무리 쉬운 일이라도 해결 불가능한 문제로 보일 것입니다. 모든 문제는 해결하기 위해 도전한 순간부터 해결되기 시작합니다. 결정적인 해결책이 보이지 않더라도 일단 시도하세요. 자신의 입장에서는 그것이 최선이라고 생각되는 것을 과감하게 시도하세요.

문제에 손을 대기 시작하는 순간부터 해결의 실마리가 나타날 것입니다.

나를 변화시키는 하루 확언
나는 어떤 문제라도 해결할 수 있다.
나는 문제를 해결하기 위해 과감히 도전한다.

휴식을 계획하라

열심히 일한다는 것은 매우 중요하다.
하지만 사는 동안에는 가끔 길을 걷다가
꽃의 향기를 맡아 보는 것도 잊지 않도록 하라.

모간 추

일만 하고 놀지 않으면 바보가 된다고 하지만 사실은 영혼이 죽은 사람이 됩니다. 열심히 일했다면 재충전의 시간이 필요합니다. 쉼 없이 일하는 것이 단기적으로는 도움이 될지 모르지만 이내 지치게 될 것입니다.

지친 당신을 쉬게 해줄 여가를 계획하세요. 휴식은 결코 낭비가 아닙니다. 지속적인 발전을 위한 가치 있는 투자입니다. 상상만으로도 기분이 좋아지는 즐거운 휴식을 계획하세요.

나를 변화시키는 하루 확언
나는 정기적으로 재충전의 시간을 갖는다.
나는 즐겁고 여유로운 여가 생활을 즐긴다.

함께하는 것이 사랑이다

사랑은 고결하고 아름다운 것이 아니라
허리를 숙이고 상처와 눈물을 닦아주는 것입니다.

마더 테레사

사랑은 특별한 것이 아닙니다. 기쁨과 슬픔, 인생의 성공과 좌절을 함께하는 것이 바로 사랑입니다.

사랑하는 사람들의 성공을 축복하고 나의 일처럼 함께 기뻐해 주세요. 사랑하는 이가 견딜 수 없는 아픔과 슬픔 속에 빠졌을 땐 함께 울어주세요.

사랑하는 사람과 함께 있어주세요. 함께하는 것만으로도 충분한 사랑의 표현이 되어 줄 것입니다.

나를 변화시키는 하루 확언
나는 사랑하는 사람들 곁에서 함께 웃어주고 울어준다.
나는 늘 그들과 동행한다.

당신의 때가 오고 있다

영원히 계속되는 겨울도, 자기 차례에서 빠지는 봄은 없다.
오월은 반드시 사월 다음에 온다.

H. 볼런드

다른 사람에겐 쉽게 찾아가는 기회가 당신에게만 오지 않는다고 불평하거나 걱정하지 마세요. 지금 이 순간도 당신의 때는 점점 더 가까워지고 있습니다. 당신은 매 순간 당신의 전성기를 향해 달려가고 있습니다. 기대감을 품으세요. 당신의 때가 몰려오고 있습니다.

나를 변화시키는 하루 확언
다른 사람을 부러워하지 말자.
나에겐 나만의 때가 있다.
지금 이 순간에도 내가 기다리던 그 순간이 다가오고 있다.

혼자만의 시간을 가져라

위대한 결정, 획기적인 발견과 문제 해결은
오로지 고독한 생각의 영역이 있기에 가능한 것이다.

지그문트 프로이트

항상 많은 사람들과 함께 시끌벅적한 상황 속에 있는 것이
즐겁기는 하겠지만 문제를 해결하거나 목표를 이루는 데에는
크게 도움이 되지 못합니다. 문제의 해결책이나 뛰어난 영감
은 홀로 있을 때에 찾아오는 경우가 많습니다.

혼자만의 시간은 무엇보다 중요합니다. 혼자만의 시간 속
에서 내면을 바라보고 끊임없이 생각하며 사고의 수준을 높이
세요.

깊은 고독 속에서만이 수면 아래 감추어졌던 보석을 찾을
수 있을 것입니다.

나를 변화시키는 하루 확언
나는 혼자 있는 시간을 즐긴다.
나는 고독 속에서 문제의 해결책을 찾는다.

자기 자신의 주인이 되라

자기 자신의 주인이 아닌 사람은 자유인이 아니다.

에픽테토스

사람들은 자기 자신에 대한 불신과 책임에 대한 두려움 때문에 모든 선택의 권리를 부모나 자신이 기댈만할 누군가에게 넘겨줍니다. 그리고는 자신에게는 어떠한 책임도 없을 것이라고 착각합니다. 하지만 자기 인생의 모든 선택권과 책임은 최종적으로 모두 자신에게 돌아옵니다.

시간이 흘러 선택에 대한 책임이 자기에겐 없다고 소리친다 하여도 그 누구도 당신의 절규를 인정하지 않을 것입니다. 인생의 핸들을 잡고 있는 것은 결국 자기 자신이기 때문입니다.

당신의 목표를 다른 사람들이 중요하다고 생각하는 것들에 두지 말고, 자신이 최선이라고 생각되는 것에 두세요. 자유인은 스스로 자신의 일을 선택할 권리를 쥐고 있는 자의 이름입니다.

나를 변화시키는 하루 확언
내 인생은 내가 결정한다. 내 인생의 주인은 나 자신이다.
나는 나와 관련된 모든 일을 스스로 선택하고 책임진다.

목표를 기록하라

목표를 달성하고 싶으면 그것을 기록하라.
목표달성에 헌신하겠다는 마음으로 목표를 기록하라
그러면 그 행동이 다른 곳에서의 움직임을 이끌어낼 것이다.
헨리엔트앤 클라우,『종이 위의 기적, 쓰면 이루어진다』중에서

목표가 목표로써 제 기능을 발휘하기 위해서는 무엇보다 목표가 명확해야 합니다. 모호한 목표는 제대로 힘을 발휘할 수가 없습니다. 생각은 기본적으로 산만하게 흩어지는 성질이 있기 때문에 명확하게 목표를 기록해 놓지 않으면 생각의 힘만으로는 시간이 흐를수록 목표로서의 가치가 무의미해집니다.

명확하고 구체적인 목표를 갖기 위해서는 반드시 목표를 기록해야 합니다. 목표를 기록하게 되면, 추상적이던 목표를 구체적으로 수정하며 나아갈 수 있습니다. 목표는 기록하고 수정해 나갈수록 구체적으로 변화되는 것을 한 눈으로 알 수 있습니다. 지금 당신의 목표들을 노트 위에 기록하세요.

나를 변화시키는 하루 확언
나의 목표들을 기록한다.
나는 그것을 바라보며 내가 어디로 가고 있는지를 점검한다.

긍정적인 생각으로
하루를 시작하라

평화롭고 만족스러우며 행복한 마음가짐으로 하루를 시작하라.
그러면 즐겁고 성공적인 날들이 전개될 것이다.

노먼 빈센트 필

하루의 시작을 어떻게 하느냐에 따라 그날 하루 전체가 달라집니다. 긍정적인 생각과 다짐 그리고 행복한 기대감으로 하루를 시작하세요.

"오늘은 내가 살아온 날들 중 최고의 날, 행운이 가득 찬 하루다. 지금 이 순간 많은 축복들이 나에게 모여들고 있다. 나는 오늘 하루를 기쁜 마음으로 즐기겠다."

나를 변화시키는 하루 확언
오늘은 축복과 행운으로 가득한 날이다.
오늘은 내가 살아온 날들 중 최고의 날이다.

당신은 영향력 있는 사람이다

당신의 행동은 수많은 사람에게 영향을 줄 수도 있고,
단지 몇 명의 동료와 가족에게만 영향을 줄 수도 있다.
그러나 몇 명인지는 그렇게 중요하지 않다
중요한 것은 언제라도 영향력의 수준을 바꿀 수 있다는 점이다.

존 맥스웰, 짐 도넌, 『위대한 영향력』 중에서

많은 사람들이 자신이 가진 영향력에 대해 과소평가하고 있습니다. 당신은 당신이 생각한 것보다 더 많은 영향력을 끼치고 있으며 매 순간 영향력을 발휘하고 있습니다. 당신은 누군가에게 불쾌한 감정이 생기게 할 수도 있고 혹은 친구나 동료에게 긍정적인 에너지를 불어넣어 줄 수도 있습니다.

당신의 영향력을 지금보다 더 높은 수준으로 발휘하기 위해서는 당신이 지금 가진 영향력을 어떻게 사용해야 할지를 신중히 생각해 보세요.

나를 변화시키는 하루 확언
나는 영향력 있는 사람이다.
나는 주위 사람들에게 긍정적인 영향력을 준다.

한 발 물러서서 바라보라

객관적 입장에서 자신의 삶을 바라보십시오.
자신의 삶을 순간순간 맑은 정신으로 바라볼 수 있는,
공정하고 냉정한 시각이 필요합니다.
그렇게 해야 행복과 불행에 휩쓸리지 않을 수 있습니다.

법정, 『일기일회』 중에서

사람은 자신의 일보다는 타인의 일을 대할 때 더 현명하고 지혜로운 판단을 내립니다. 타인의 일에는 사사로운 감정이 섞이지 않기 때문에 마음의 균형과 객관적인 시각을 유지하는 것이 자기 자신의 일을 대할 때보다 수월하기 때문입니다.

인생의 흐름을 읽고 더욱 현명한 판단을 하고자한다면 자신의 인생을 대할 때에도 마치 남의 인생을 대하는 것처럼 한발 물러서서 객관적으로 바라보세요. 모든 감정을 최대한 배제하고 마치 비행기 위에서 도시의 전경을 바라보는 것처럼, 높고 넓은 시각으로 전반적인 인생의 흐름을 바라보세요. 이러한 습관을 기른다면 이전보다 더 올바른 판단을 내릴 수 있을 것입니다.

나를 변화시키는 하루 확언
나는 모든 상황을 한발 물러서서 바라본다.
나는 객관적으로 바라보고 폭넓게 사고한다.

이미 누군가는 이겨냈다

슬픔은 누구든지 이겨낼 수 있다.
다만 그것을 이겨내지 못하는 사람만이 늘 슬퍼할 따름이다.

윌리엄 셰익스피어

　　당신에게만 찾아오는 슬픔, 고통은 없습니다. 운명은 당신에게만 잔인하지 않습니다. 지금 당신이 어떤 고통을 겪고 있든 이미 많은 사람들이 당신과 같은 고통을 이겨냈고 지금 이순간도 누군가는 이겨내고 있는 중입니다. 물론 한편으로는 그것을 이겨내지 못한 사람들도 있습니다. 그렇지만 자신에게 닥친 슬픔을 이겨낼 것인지, 그것에 굴복할 것인지는 오로지 당신의 선택에 달려있습니다.

나를 변화시키는 하루 확언
나는 어떠한 고통도 견뎌낼 수 있다.
나 역시 누군가처럼 모든 고난과 역경을 이길 수 있다.

가치를 평가하라

우리는 때때로 아무런 가치도 없는 것에
지나치게 많은 대가를 지불하곤 한다.

아인슈타인

어떤 일을 하건 항상 그 일이 정말 가치 있는 일인지 냉정하게 평가하세요. 당신의 시간과 에너지를 투자하기에 적절한지 고민하세요. 당신에게 주어진 시간과 에너지에는 한계가 있습니다. 별로 가치도 없는 일에 에너지를 낭비하지 마세요. 아무런 이익도 없는 일에 대가를 지불하는 것은 정말 어리석은 행위입니다.

당신에게 어떤 유익도 주지 못하는 일이라면 미련을 두지 말고 단호하게 포기하세요.

나를 변화시키는 하루 확언
나는 어떤 일을 하건 냉철하게 그 일의 가치를 평가한다.
나는 가치가 없다고 판단되는 일은 미련 없이 포기한다.

꾸준한 독서를 통해
능력을 향상시켜라

인간이 이 세상에서 만들어 놓은 것들 중,
무엇보다도 값지고 소중하며 경이로운 것은 바로 책이다.

토머스 칼라일

세계적인 동기부여 전문가인 앤서니 라빈스는 고등학교를 졸업하고 8년 동안 빌딩 청소부로 살았습니다. 그런 그가 세계적인 동기부여 전문가가 된 것은 무엇보다 그의 엄청난 독서량 때문이었습니다. 그의 사례는 이미 지식 정보가 완전히 열려 있는 현대 사회에서도 대학교육 없이도 충분히 양질의 지식을 습득할 수 있다는 것을 보여줍니다.

끊임없이 변화하고 진보하는 사회에 적응하기 위해서는 꾸준한 자기 혁신은 필수적입니다.

독서를 통해 자신의 능력을 향상시키세요. 독서는 자신이 일하는 분야에서 전문성을 키우기 위한 가장 효과적인 방법입니다.

나를 변화시키는 하루 확언
나는 독서가 즐겁다.
나는 독서를 통해 능력과 전문성을 향상시킨다.

당신의 강점은 무엇인가

나에게 진리가 되는 믿음이란 내 안의 장점을 최대로 활용하고,
그것을 행동으로 옮겨 최상의 의미를 얻는 것을 말한다.

앙드레 지드

강점이란 자신이 가진 능력들 중에서 가장 효율적인 능력,
즉 똑같은 시간을 투자하더라도 가장 좋은 성과를 얻을 수 있
는 능력을 말합니다.

당신의 강점은 무엇인가요?

자신의 강점을 찾아서 적극적으로 활용해 보세요. 강점을
찾는 좋은 방법 중 하나는 현재의 일상, 자신이 좋아하는 것(좋
아 하는 일에는 강점이 반영되었을 가능성이 크다), 과거의 경험 등
을 관찰 분석하여 '강점노트'를 만들어 기록하는 것입니다.

단, 다른 사람과 비교하는 것이 아니라 자신의 다른 능력들
과 비교해야 합니다. 또한 아이를 키우고 있는 부모라면 아이를
잘 관찰하여 강점노트를 만들어 두면 훗날 자녀의 진로 선택 시
유용하게 활용할 수 있습니다. 자신의 강점을 찾아보세요.

나를 변화시키는 하루 확언
나를 남과 비교하지 말자. 나에게는 나만의 강점이 있다.
남과는 다른 나만의 강점을 찾자.

신뢰할 만한 평가만 받아들여라

타인의 평가가 중요한 경우도 있고 전혀 그렇지 않은 경우도 있다.
가장 가치 있는 것은 오로지 지혜로운 인간의 평가이다.
평가하는 사람 자체가 이미 편견과 고정관념에 사로잡혀 있다면,
우리는 타인의 평가를 신뢰할 필요는 없다.

에픽테토스

우리는 끊임없이 타인의 평가 속에서 살아갑니다. 사람들은 당사자의 의도와는 상관없이 그가 하는 말과 행동을 통해 그를 평가합니다. 하지만 대부분의 평가가 올바르게 이루어지지 않습니다. 아무 편견 없이 객관적인 시각에서 평가하는 일은 매우 어려운 일이기 때문입니다. 그래서 다른 이의 평가를 받아들일 때에는 신중을 기해야 합니다.

모든 평가에 큰 의미를 부여하지 마세요. 올바르지 않은 평가에 당신의 삶이 휘둘릴 수도 있습니다. 당신이 신뢰할 만큼 지혜로우며 당신을 잘 알고 있는 사람의 평가만을 받아들이세요. 제대로 된 평가만이 당신을 성장시킵니다.

나를 변화시키는 하루 확언
나는 신뢰할 수 없는 불필요한 평가 때문에 상처 받지 않는다.
나는 오로지 지혜로운 사람의 올바른 평가만을 받아들인다.

인생을 즐겨라

마침내 나는 살아야할 유일한 이유가
삶을 즐기는데 있음을 깨달았다.

리타 메이 브라운

인생을 즐기세요. 당신에게 주어진 삶이라는 기회를 누리
세요. 당신에게 한 번 인생을 살아볼 기회가 주어진 것만으로
도 충분히 감사할 일입니다. 인생이라는 경험, 그 자체를 즐기
세요.

나를 변화시키는 하루 확언
나에게 주어진 삶이라는 기회는 축복이다.
나는 인생이라는 경험, 그 자체를 즐길 것이다.

목표는 크게, 계획은 현실적으로

치밀하고 합리적인 계획은 성공하지만
어떤 느낌이나 불쑥 떠오른 생각에 의한 행동은 실패하는 경우가 많다.
큰 목표일수록 잘게 나누어라.

이도도어 루빈

목표를 성취하지 못하는 사람들의 실패 요인 중 하나는 계획을 지나치게 비현실적으로 세운다는 것입니다. 목표를 기획할 때에는 자신의 잠재력을 최대로 이끌어 낼 수 있고 최대한의 성장을 추구할 수 있도록 설정해야 합니다. 반면 계획을 세울 때에는 냉철하고 현실적인 시각을 가져야 합니다. 목표를 성취하는 일은 미래의 일이지만 계획은 당장 지금부터 실천해야 할 행동이기 때문입니다. 세세하게 무엇을 할지 구체적이고 현실적으로 계획하지 않는다면 어느 것도 제대로 행동으로 옮길 수가 없습니다.

꿈과 목표는 원대하게 세우되, 계획은 당장 지금부터 실천할 수 있을 만큼 명확하고 구체적으로 세우세요.

목표를 세울 때에는 낙관주의자, 계획을 세울 때에는 현실주의자가 되세요.

나를 변화시키는 하루 확언
나는 계획을 세울 때만큼은 꼼꼼하고 구체적인 현실주의자가 된다.

부정적인 반응에 대한
두려움을 벗어나라

다른 사람의 비판을 피하려면
아무 행동도 하지 말고, 어떤 말도 하지 말아야 하며,
그 어떤 존재도 되어서는 안 된다.

앨버트 허바드

사람들의 부정적인 피드백을 적절히 이용하여 계획을 좀 더 치밀하게 수정하는 것은 지혜로운 일입니다. 하지만 사람들의 부정적인 반응을 너무 민감하게 반응하면 필요 이상으로 과도하게 계획을 수정하게 되고 결국 목표를 향해 나아갈 수 없게 되어버립니다.

지나치게 남을 의식하지 마세요. 다른 사람의 말 하나, 행동 하나에 휩쓸리지 마세요.

그들의 말은 단지 하나의 의견일 뿐 당신의 운명을 말하는 것이 아닙니다.

모든 일의 성패는 그들이 아닌 당신의 믿음에 달려있습니다.

나를 변화시키는 하루 확언
사람들의 평가를 지나치게 의식하지 말자.
진실로 중요한 것은 내 믿음이다.

상상력의 힘

인간은 육체와 마음 그리고 상상력의 구성체이다.
육체에는 약점이 있고 마음은 늘 믿을 만한 것이 못 되지만
상상력은 보다 좋아하는 것들을 이 세상에서 실제로 행하게 해준다.

존 베이스필드

인간의 상상력 속에는 강력한 힘이 숨어 있습니다. 상상은
결코 환상이나 사라지는 허상이 아닙니다. 상상력이야말로 진
정한 실체입니다.

눈에 보이는 것들은 눈에 보이지 않는 것들로 만들어집니
다. 인간의 상상력은 눈에 보이는 것들을 창조해 내는 보이지
않는 실체입니다.

나를 변화시키는 하루 확언
잠시 눈을 감고 가장 이상적인 삶을 상상해 보세요.
당신이 상상하는 가장 행복한 삶을 상상해 보세요.

성공으로 가는 계단

성공으로 가는 엘리베이터는 작동하지 않는다.
하지만 계단은 언제나 열려 있다.

지그 지글러

어떤 일을 하든 그 일을 제대로 해내기 위해서는 지켜야 할 단계와 원칙이 있습니다. 꿈을 이루는 과정도 이와 같습니다.

마음 같아서는 꿈에 대한 열정 하나로 단숨에 정복하고 싶지만, 넘어서야 할 장애물을 넘어서고 배워야 할 것을 배우고 익혀야만 원하는 것을 얻을 수 있습니다.

성공으로 가는 엘리베이터는 없습니다. 누군가 나를 대신하여 새로운 차원의 삶으로 올려주지 않습니다.

스스로의 힘으로 한 계단씩 밟아 가십시오. 매일 한 계단을 오를 때마다 당신이 원하는 삶에 더 가까워질 것입니다.

나를 변화시키는 하루 확언
나는 매일 한 계단씩 원하는 삶을 향해 나아간다.
나는 필요한 꿈을 이루기 위한 과정들을 차근차근 밟아간다.

당신은 준비되어 지고 있다

신은 당신에게 위대한 무언가를 준비시키고 있다.
신은 당신이 생각하는 것보다 훨씬 더 먼 곳으로 당신을 데려갈 것이다.
그러니 신이 데려간 그곳이 너무 힘겹더라도 노여워 말라.

조엘 오스틴

지금 당신이 겪고 있는 힘든 일들을 어쩌면 당신은 도저히
이해할 수 없을지도 모릅니다. 누구보다 열심히 노력했음에도
오히려 상황은 점점 더 악화된다면 누구라도 불안과 초조함을
감출 수가 없을 것입니다.

비록 눈에 보이는 모든 상황이 당신의 기대와 다를지라도
결코 믿음을 잃지 마세요.

당신은 분명 올바른 방향으로 나아가고 있습니다. 목표를
이룬 뒤에도 겸손과 열정을 잃지 않을 만큼 당신의 인격은 역
경 속에서 더욱 성장하고 있습니다. 당신의 목표는 가장 좋은
때에 가장 완벽한 조건 속에서 이루어질 것입니다.

믿음을 지키세요. 당신은 신의 계획대로 준비되고 있습니다.

나를 변화시키는 하루 확언
걱정하지 말자. 염려하지말자.
가장 좋은 때에 가장 완벽한 조건 속에서 내 목표는 이루어질 것
이다.

실패를 분석하라

나는 언제나 청년의 실패를 흥미롭게 바라본다.
그는 실패를 어떻게 받아들였는가, 실패로 인해 절망했는가, 후퇴했는가, 또는 더욱 마음을 다지고 전진하였는가, 그것으로 그의 생애가 결정된다.

헬무트 폰 몰트케

실패를 겪을수록 더 강해지고 지혜로워지는 사람이 있는 반면 자신감을 잃고 상처를 받는 사람도 있습니다. 이러한 차이는 사람마다 실패를 대하는 태도가 다르기 때문입니다.

자신의 가능성을 믿고 실패를 성장을 위한 발판으로 여기는 사람은 실패를 분석하여 자신의 부족한 점을 보완하고 인생의 소중한 교훈들을 자신의 것으로 만듭니다. 반면에 자신을 신뢰하지 못하고 실패를 자신의 부족함을 증명하는 것으로 여기는 사람은 실패를 겪을 때마다 상처받고 더욱 연약해집니다.

용기를 가지세요. 당신은 얼마든지 성장할 수 있고 발전할 수 있습니다. 실패에 기죽지 마세요. 당신의 성장 가능성을 믿으세요.

나를 변화시키는 하루 확언
나는 실패를 분석하여 나의 부족한 점을 보완한다.
나는 실패 속에서 더욱 더 발전하고 성장한다.

먼저 호감을 표시하자

대개 사람의 호감이란 남의 반응에 대한 비례로 나타나는 것이다.
따라서 기다릴 것이 아니라 당신이 먼저 주어야 한다.

로렌스 굴드

다른 사람의 호감을 얻고 싶다면 당신이 먼저 그들에게 호감을 표하세요. 세상 어느 누구도 자신에게 호감을 보여주는 사람을 미워하지 않습니다. 설령 당신에게 무관심한 사람일지라도 당신이 먼저 관심을 보인다면 그 역시 분명 당신에게 관심을 보일 것입니다.

혹시 당신을 이상하게 여기지 않을까 걱정하지 마세요. 오히려 먼저 호감을 보이는 당신에게 고마워 할 것입니다. 자신감을 갖고 먼저 다가가세요.

나를 변화시키는 하루 확언
사람들은 나의 관심과 호감을 기대하고 있다.
나는 먼저 그들에게 나의 관심과 호감을 보여준다.

신이 기다리는 사람

신이 인간에게 불가능한 꿈을 주실 때에는
그것을 도와주겠다는 의미이다.

레그손 카이라

레그손 카이라는 아프리카 남동부의 오지에서 태어났습니다. 그는 선교사들에게 글을 배운 후에야 미국이라는 나라에 대해서 알게 되었습니다. 그리고 열여섯 살의 나이에 그는 미국행을 결심하고 약 3천 킬로를 걸어서 미국에 도착했습니다. 그는 온갖 고난을 이겨내고 결국 미국 워싱턴 주 마운트 버넌에 있는 스캐짓 밸리 대학에 입학하게 되었습니다. 아프리카 오지에서 태어난 그는 지금 케임브리지 대학의 존경받는 교수이자 작가로서의 삶을 살고 있습니다.

신이 기다리는 사람은 바로 레그손 카이라와 같이 자신의 꿈을 이루고자 노력하는 사람들입니다. 신이 당신에게 원대한 꿈을 준 것은 신이 당신을 돕겠다는 뜻입니다. 당신의 꿈에 도전해 보세요.

나를 변화시키는 하루 확언
나는 신이 기다리고 있는 사람이다.
나는 불가능에 도전하여 가장 가치 있는 것을 성취할 것이다.

유연한 사고방식을 갖자

내가 무엇을 원한다고 반드시 이루어지는 것은 아니다.
목표를 실현할 수 있는 방식은 여러 가지가 있다.
비극은 하나의 방식만을 고집하기 때문에 생겨난다.

에픽테토스

당신의 목표를 이룰 수 있는 방법은 당신이 생각한 것보다 훨씬 많습니다. 지금 당장 방법이 없다고 해서 내일도 방법이 없는 것은 아닙니다. 주변 상황들이 어떻게 변해갈지는 아무도 모르는 일이기 때문입니다. 예상치 못한 곳에서 어떤 식으로 기회가 찾아올지는 알 수 없습니다. 모든 가능성을 열어놓고 유연하게 생각하세요.

나를 변화시키는 하루 확언
오늘 당장 탈출구가 보이지 않는다고 해서
내일까지 계속 그 상황이 이어지는 것은 아니다.
시야를 넓게 갖고 모든 가능성을 열어놓고 유연하게 생각하자.

시간의 상대성

게으르고 노력하지 않는 사람의 100년은
부지런히 노력하는 사람의 하루와 같다.

『법구경』 중에서

시간은 무엇을 하고 있느냐에 따라 길어지기도 하고 짧아지기도 합니다. 때문에 시간의 양은 문제가 되지 않습니다. 문제는 시간의 질입니다.

누구에게나 똑같이 하루 24시간이 주어졌지만 미래를 준비하는 사람에게는 길고 유용한 시간이고, 시간을 허비하는 자에게는 짧고 무의미한 시간입니다. 이렇듯 시간은 상대적인 것입니다.

게으름을 피우다 중요한 순간에 시간이 없다고 불평하기보다 자신에게 주어지는 시간을 성실하게 사용한다면 충분한 시간을 당신의 소유로 차지할 수 있습니다.

나를 변화시키는 하루 확언
나는 나에게 매일 주어지는 시간에 충실하여 누구보다 넉넉한 시간을 가지고 있다.

선택의 자유는 당신에게 있다

자극과 반응 사이에는 빈 공간이 있다.
그 공간에 우리의 반응을 선택하는 자유와 힘이 있다.
그 반응에 우리의 성장과 행복이 달렸다.

박터 프랭클

인간과 동물의 가장 큰 차이는 자극과 반응 그 사이에 있습니다. 동물의 경우 어떠한 자극이 가해지면 반드시 그에 상응하는 일정한 반응을 일으키도록 되어 있습니다. 하지만 인간은 자극과 반응 사이에 빈 공간이 있기 때문에 자극에 따른 자신의 반응을 스스로 자유롭게 선택할 수 있습니다.

당신에게는 선택의 자유가 있다는 것을 기억하세요. 부정적인 사건, 고난과 역경의 경험들을 어떻게 바라볼지 선택하세요. 동물처럼 부정적인 일에 무조건적인 부정적 반응을 보이기보다 인간이 가진 선택의 자유를 활용하세요. 부정적인 사건을 긍정적으로 보고 역경과 고난들을 성장의 기회로 해석하세요.

나를 변화시키는 하루 확언
나에게는 선택의 자유가 있다.
나는 부정적인 자극일지라도 긍정적으로 해석하여 올바르게 반응한다.

인격이 없는 사람의 성공은
해를 끼친다

괴로움과 즐거움을 함께 맛보면서 꾸준한 연마 끝에
복을 이룬 사람은 그 복이 오래 지속된다.

『채근담』 중에서

사람들은 가급적 빠르게 성공하길 원합니다. 하지만 자기의 마음처럼 빠르게 성공하는 것도 힘들지만 인격이 성숙되지 않은 상태에서의 과도한 성공은 때때로 사람을 망치기도 합니다.

어린 나이의 갑작스러운 성공은 자신을 정비하고 반성할 기회를 빼앗아 버립니다. 결국 성공의 정점에서 겸손이 아닌 교만을, 긍정적인 자아상이 아닌 비뚤어진 우월의식을 갖게 되어 어느 순간 가파르게 정상에서 내려옵니다.

누군가 당신보다 훨씬 빨리 기회를 잡고 성공가도를 달린다고 해서 질투하거나 너무 억울해 하지 마세요. 어쩌면 신은 당신을 더 높은 곳에 올려놓기 위한 준비를 하고 있는 건지도 모릅니다.

나를 변화시키는 하루 확언
다른 사람보다 조금 늦는다고 그들을 질투하지 말자.
나는 지금 오래도록 성공하기 위한 반석을 다지고 있는 중이다.

자신의 한계를 극복하라

매사 뜻대로 되지 않았고, 뭔가를 시작해도 대개는 실패로 끝났다.
그래도 얼마 남지 않은 가능성에 기대를 품고 애오라지 그늘 속을 걷고,
하나를 거머쥐면 이내 다음 목표를 향해 걷기 시작하고
그렇게 작은 희망의 빛을 이어나가며 필사적으로 살아온 인생이었다.

안도 다다오, 『나, 건축가 안도 다다오』 중에서

안도 다다오는 현존하는 세계 최고의 건축가 중 한 명으로 평가받는 사람입니다. 그는 각종 건축 상을 휩쓸었을 뿐만 아니라 미국의 예일, 컬럼비아, 하버드 대학교 등 세계 명문대학의 객원교수를 거쳐 현재는 도쿄 대학의 교수입니다. 하지만 아이러니하게도 대학교수인 그는 대학을 다니지 않았습니다. 그는 프로 복서 출신이었으며 독학으로 건축을 공부한 사람입니다.

누구에게나 바꿀 수 없는, 태생적인 한계가 있을 수 있습니다. 자신의 한계에 눌리지 마세요. 강한 의지와 굳건한 믿음으로 당신의 앞을 가로막고 있는 벽을 뛰어넘으세요.

나를 변화시키는 하루 확언
나는 내가 생각하는 한계의 벽을 뛰어넘는다.
나는 인내와 노력으로 모든 한계를 극복한다.
나는 나의 한계를 넘어 간절히 원하는 삶을 성취한다.

사소한 일에 행복을 잃지 말라

화가 나 있는 1분마다
그대는 60초간의 행복을 잃는 것이다.

랄프 왈도 에머슨

간혹 정말 짜증나게 하는 일들이 있습니다. 집에서 무슨 일이 있었는지 아침부터 화풀이를 해대는 직장 상사, 야심차게 입고 나온 새 옷에 커피를 쏟는 실수들은 정말 사소한 일들이지만 정말 화나게 하는 일들입니다.

하지만 사소한 일들이 사소한 이유는 며칠만 지나면 기억나지도 않을 만큼 아무 의미 없는 일들이기 때문입니다. 중요하지도 않은 일에 화를 내며 하루의 기분을 망쳐버리는 것은 정말 어리석은 일입니다.

사소한 일은 사소하게 지나쳐 버리세요. 화를 내고 있는 시간만큼 행복을 잃는다는 것을 기억하세요.

나를 변화시키는 하루 확언
나는 사소한 일에 쉽게 흥분하지 않는다.
나는 긍정의 마음으로 나의 행복을 지킨다.

할 수 있는 일에 집중하라

당신은 인생의 길이를 조정할 수는 없지만
그것의 넓이와 깊이는 조정할 수 있습니다.
당신은 날씨를 마음대로 조정할 수는 없지만
당신의 기분은 조정할 수 있습니다.
당신이 조정할 수 있는 일만으로도 충분히 바쁜데
왜, 조정할 수 없는 일까지 걱정하고 있습니까?

조 페티

당신이 통제할 수 있고 영향력을 끼칠 수 있는 일에 집중하세요. 당신의 능력 밖의 일들은 당신이 걱정하고 신경 쓴다고 해서 해결할 수 있는 일이 아닙니다.

당신의 힘으로 바꿀 수 없는 일 때문에 불필요한 걱정을 한다면 당신은 결코 걱정에서 벗어날 수 없을 것입니다. 당신의 영향력 안에 있는 일들에 관심을 가지세요.

나를 변화시키는 하루 확언
내가 바꿀 수 없는 일은 내가 걱정한다고 해결되지 않는다.
나는 내 영향력 안에 있는 일들에 더 관심을 갖는다.

인간을 움직이는 힘, 고통

나의 고통이 점점 커져갔을 때,
나는 이 상황을 대처하는 데에는 두 가지 방법이 있다는 것을 깨달았다.
고통스러운 반응을 보이는 것과 그 고통을 창조의 힘으로 변화시키는
것. 나는 후자를 선택했다

마틴 루터 킹

인간이 가진 가장 강력한 본성 중 하나는 고통을 피하고자
하는 본능입니다. 고통을 피하고자 하는 인간의 본성은 꿈을
이루기 위한 강력한 동기가 됩니다. 역경을 극복하고 꿈을 이
루는 사람들이 많은 이유는 바로 이 때문입니다. 고통에서 벗
어나고 싶은 욕망이 꿈을 이루는 동기가 되는 것입니다. 힘은
절망에서도 피어오릅니다.

당신의 고통을 긍정적으로 활용하세요. 힘들고 어려운 상황
에 절망하기보다는 어떻게 하면 이 상황을 이겨낼 수 있을까를
생각하세요. 고통에서 벗어나고자 하는 인간의 욕망을 적절히
활용할 수 있다면 꿈을 성취하기 위한 가장 강력한 무기를 손
에 쥔 것이나 다름없습니다.

나를 변화시키는 하루 확언
나는 지금 내가 겪는 모든 역경에서 벗어날 것이다.
나는 이 역경과 고통을 발판삼아 더욱 크게 성장할 것이다.

아직 기회가 남아 있다

내가 걷는 길은 험난하고 미끄러웠다. 그래서 나는 자주 넘어지곤 했다.
길바닥에 엎어지면 나는 곧 기운을 차리고 나 자신에게 말했다.
"괜찮아, 길이 약간 미끄럽긴 해도 낭떠러지는 아니잖아."

에이브러햄 링컨

좋은 기회가 지나가 버렸다고 너무 실망하지 마세요. 매번 자신에게 온 기회를 잡을 수는 없습니다. 사실 기회를 잡을 때 보다는 놓칠 때가 훨씬 많죠. 그리고 어느 때에는 정말 결정적이라고 생각되는 좋은 기회를 놓칠 때도 있습니다.

하지만 기회는 한 번만 있는 것이 아닙니다. 우리에게 주어지는 기회는 수없이 많습니다. 다만 언제 어느 때에 어떤 방법으로 다가올지 예측할 수 없을 뿐입니다. 결정적이라고 생각되는 기회 또한 실제로 그 기회가 정말 결정적인지는 어디까지나 주관적인 판단일 뿐입니다. 항상 더 좋은 기회는 존재하며 때로는 기회를 놓치는 것이 새로운 기회를 위한 준비일 수도 있습니다. 기회를 놓치는 일에 너무 마음 상하지 마세요.

나를 변화시키는 하루 확언
나는 실패에 좌절하지 않는다.
나는 많은 기회 중 최고의 기회를 잡는다.

블랙홀에서 벗어나라

당신의 침대가 제아무리 크고 폭신하며 안락하다해도
거기서 빠져나와야 한다.

그레이스 슬릭

이른 아침, 잠을 깨우는 알람 소리에 짜증이 나기도하지만 실은 그 소리가 우리의 인생을 살리는 소리입니다.

푹신한 침대 속에서 꾸물거리는 것, 시간 가는 줄 모르게 빠져드는 인터넷 게임 등은 끝없이 당신의 시간을 잡아먹는 나쁜 습관입니다. 이런 것들은 우리의 시간을 낭비하고 인생을 좀먹는 블랙홀입니다. 당신을 안락과 쾌락의 중독에 빠트리는 블랙홀에서 벗어나세요. 그것들이 주는 순간적인 쾌락은 당신을 죽이는 독입니다. 아무리 즐겁고 행복하다고 하여도 그러한 즐거움은 결코 오래가지 않을 것입니다.

나를 변화시키는 하루 확언
지금 이 순간, 내 인생을 좀먹는 게으름과 쾌락에서
나는 빠르게 벗어나고 있다.

자신을 위해 용서하라

진정으로 용서하면 우리는 포로에게 자유를 주게 된다.
그러고 나면 우리가 풀어준 포로가 바로 우리 자신이었음을 깨닫게
된다.

루이스 스메데스

누군가를 증오하고 용서하지 못하는 마음은 부정적이고
파괴적인 마음입니다. 마음이 가장 크게 영향을 미치는 것은
마음이 향하는 대상이 아니라 마음을 품고 있는 자기 자신입
니다.

증오를 품는 일은 우리에게 전혀 유익이 되지 못합니다. 누
군가에 대한 원한과 분노는 훌훌 털어내 버리세요. 그것은 기
억할만한 가치가 있는 일이 아닙니다.

용서하는 순간 우리는 분노와 원한, 슬픔과 증오의 굴레를
벗어던질 수 있습니다. 용서는 타인을 위한 것이 아니라 자기
자신을 위한 것이라는 것을 꼭 명심하세요.

나를 변화시키는 하루 확언
나는 모든 원한과 증오를 버린다.
나는 모든 것을 용서하고 나를 위한 새로운 삶을 시작한다.

피할 수 없는 고난이라면
받아들이자

피할 수 없는 고난이라면 당당하게 받아들이자. 그리고 이겨나가자! 어쩔 수 없는 고난이라면 즐기면서 당당하게 받아들이자. 그리고 이겨나가자!
앤드류 카네기

고난은 사람을 힘들게 합니다. 때로는 내가 왜 이런 일을 겪어야 하는지 화가 나기도 합니다.

우리는 자신에게 닥친 시련의 원인이 정확히 무엇인지 알 수는 없습니다. 다만 고난을 받아들이는 우리의 태도와 자세만을 선택할 수 있을 따름입니다.

피할 수 없는 일이라면 당당히 받아들이세요. 피할 수 없다면 즐기라는 말이 상투적으로 들릴지도 모르지만 100년쯤 지난다고 해도 이 말은 변하지 않을 것입니다.

나를 변화시키는 하루 확언
나는 어떤 고난이든 긍정적으로 받아들인다.
내가 극복한 모든 고난과 시련들은 나를 성장시키고 더 좋은 기회를 만든다.

경청(傾聽)

타인을 설득하는 최상의 방법 중 하나는
상대방의 말을 경청해서 귀로 설득하는 것이다.

딘 러스크

경청의 경(傾)은 '기울이다'라는 의미이며, 청(聽)은 '듣다'라는 의미입니다. 그래서 경청은 귀를 기울여 듣는다는 의미입니다. 경청에 사용된 청(聽)이라는 한자어에는 단순히 '듣다' 이상의 깊은 의미가 있습니다. 청(聽)은 왕(王), 귀(耳), 눈(目), 일(一), 마음(心)이 합해져서 만들어진 단어입니다. 즉, 왕이 하는 말을 귀와 눈이 한마음으로 들어야 한다는 뜻입니다.

누군가를 설득하여 마음을 열고자 한다면 강하게 자기의 주장만 할 것이 아니라 상대방이 충분히 말하게 하고 그의 말을 잘 들어야 합니다. 그저 귀로만 듣는 것이 아니라 마치 왕의 말을 듣듯이 귀와 눈과 마음을 열어 정성을 다해 들으세요. 경청이야말로 누군가의 마음을 얻을 수 있는 가장 큰 지혜입니다.

나를 변화시키는 하루 확언
나는 상대방이 하고 싶은 말을 할 수 있게 해 주고
상대방의 말을 신중하게 듣는다.

믿음을 먼저 준비하라

실제로 획득할 수 있다고 믿기 전까지는
아무것도 준비되었다고 할 수 없다.
단순한 희망이나 소망이 아니라 신념을 가져야 한다.

나폴레온 힐

우리가 어떤 목표를 이루고자 할 때 가장 중요하게 여겨야
할 일은 그 일이 반드시 성취될 것이라는 믿음을 갖는 것입니
다. 성취에 대한 확신이 없이 일하는 것은 기초를 쌓지 않고 성
을 짓는 것과 같습니다.

내일의 성취에 대한 유일한 방해는 오늘의 의심입니다. 무
엇을 목표로 하든지 먼저 믿음을 준비하십시오. 반드시 성취
될 것이라는 믿음의 기초를 먼저 세우세요.

굳건한 믿음이 있다면 어떤 불가능도 존재하지 못할 것입
니다.

나를 변화시키는 하루 확언
내 꿈은 반드시 이루어진다.
내 꿈은 이미 성취되기로 확정되었다.
나는 내가 원하는 삶을 살게 될 것이다.

꼭 필요한 말만 하자

사람들은 말을 너무 적게 했다고 후회하는 경우는 흔치 않지만 말을 너무 많이 했다고 후회하는 경우는 많다.

필리프 드 코민

평소에 사람들이 가장 많이 하는 실수가 말에 관련된 실수입니다. 당신 역시 굳이 하지 않아도 될 말을 해서 원하지 않는 상황을 경험한 일이 있을 것입니다.

말을 너무 하지 않아서 어색한 분위기가 된다면 그 또한 문제이겠지만 그렇다고 해서 과묵한 성격을 탓하거나 혹은 원망을 듣는 일은 별로 없습니다.

꼭 필요한 말만 하십시오. 간결하게 말하는 습관을 들이십시오. 사족이 달릴수록 실수하는 경우가 늘어나고 신뢰는 떨어지기 마련입니다.

나를 변화시키는 하루 확언
나는 꼭 필요한 말만 한다.
나는 핵심적인 내용을 중심으로 간결하게 말한다.
나는 불필요한 말을 줄여 신뢰를 얻는다.

당신은 세상에 꼭 필요한 사람이다

세상 사람들에게 당신은 그저 한 사람일지 모르지만
어떤 한 사람에게는 당신이 세상 전부일 수도 있다.

플레트 미첼

사람의 가치란 부와 명예, 높은 지위와 권력으로 평가되는
것이 아닙니다. 세상에 존재하는 한, 누구나 가치 있는 존재입
니다. 어느 누구도 무가치하고 불필요한 사람은 없습니다. 사
람은 살아서 숨 쉬고 있다는 것만으로도 모든 가능성을 이미
지니고 있는 존재입니다. 당신 역시 세상이 꼭 필요로 하는 존
재입니다. 나는 가치 없는 존재라고, 무엇에도 필요 없는 사람
이라고 자신에게 스스로 상처주지 마세요.

당신이 느끼지 못하고 있을지라도 당신은 이미 누군가의 필
요를 채워주고 누군가에게는 위안과 위로가 되어 주는 존재입
니다.

나를 변화시키는 하루 확언
나는 세상에 반드시 필요한 사람이다.
나는 사람들의 필요를 채워주고 위안과 위로를 안겨주는 가치 있
는 사람이다.

부정적인 패턴을 수정하라

활 만드는 장인이 화살을 깎아 똑바로 만드는 것처럼
훌륭한 사람은 빗나간 생각을 바르게 조절한다.

석가모니

파리 한 마리가 집안으로 들어와서는 다시 밖으로 나가기 위해 계속해서 창문에 머리를 부딪치는 모습을 본 적이 있습니까?

우리도 이와 비슷한 행동을 할 때가 있습니다. 자신의 잘못된 행위에 대한 반성과 수정을 가하지 않고 계속해서 부정적인 패턴으로만 일한다면 결국 목표를 달성할 수 없습니다. 반복적인 실수나 잘못을 시정하지 않고 그대로 놓아두어서는 안 됩니다. 부정적인 패턴을 멈추고 자신의 계획과 행동을 지속적으로 수정해 보세요. 활이 과녁을 향해 똑바로 날아가는 모습을 볼 수 있을 것입니다.

나를 변화시키는 하루 확언
나는 나의 행동과 계획들을 지속적으로 수정한다.
나는 부정적인 패턴에서 벗어나 올바른 방향으로 나아간다.

다른 사람의 부족함을 용납하라

당신 자신도 당신 뜻대로 할 수 없는데
남들을 당신 뜻대로 할 수 없다고 화내지 마라.

토머스 아 켐피스

당신은 자신 스스로를 완벽하다고 생각하지 않을 것입니다. 당신은 중요한 일을 실수하기도 하고 사소한 일에 쉽게 짜증을 내기도 할 것입니다. 당신에게는 장점도 있겠지만 그만큼 단점도 있을 것입니다.

당신 주위의 사람들도 모두 마찬가지입니다. 세상에 완벽한 인간은 없습니다. 누구나 보여주고 싶지 않은 부분과 단점이 있기 마련입니다.

다른 사람의 부족함을 용납하고 이해하세요. 그들은 신이 아니라 당신과 같은 사람일 뿐입니다.

나를 변화시키는 하루 확언
나는 폭넓은 이해심을 갖고 사람들을 대한다.
나는 항상 주위 사람들을 이해하고 그들의 부족함을 용납한다.

마음속에 기생하는 암을 치료하라

육체의 종양이나 곪은 곳을 제거하는 것보다도
마음속에서 나쁜 생각을 없애버리는 것에 마음을 써야 한다.

에픽테토스

사람은 육체에도 병이 생기듯이 영혼에도 병이 생깁니다. 우리 마음속에 기생하는 부정적인 믿음, 부정적인 자아상, 타인과 세상을 향한 분노와 원한들은 우리의 인생과 영혼을 죽이는 암세포들입니다.

당신의 인생이 망가지기 전에 영혼의 질병부터 치료하세요.

나를 변화시키는 하루 확언
나는 항상 내면을 주의 깊게 살펴본다.
나는 늘 내면을 건강하게 다스리도록 노력한다.

망각(忘却)

몇 년 전 내 마음을 완전히 빼앗아버린 사람들이 이제는 기억조차 희미합니다. 몇 달 전만 해도 내 인생에서 가장 중요하게 생각되었던 일들에 대한 갈등조차 이제는 아무 쓸모없고 어떤 가치도 없는 것 같습니다.
겨우 몇 주 전 나의 잠을 빼앗아 갔던 괴로움들이 이젠 과거의 낯선 감정이 되었습니다.

헨리 나우엔

인간은 끊임없이 망각하며 살아가고 있습니다. 헤르망 에빙하우스의 망각 곡선에 따르면, 인간은 학습한 지식을 고작 1시간 만에 56%, 하루 뒤에는 70%, 한 달 뒤에는 80% 이상을 잊어버린다고 합니다.

인간의 기억력이란 이토록 하찮은 것입니다. 당신이 겪은 일들 또한 마찬가지입니다. 영원히 잊지 못할 것 같던 슬픔과 아픔의 기억들도 한 달 뒤에는 고작 20% 정도만 남게 됩니다. 지금의 괴로운 고통이 영원할까 염려하지 마세요. 당신의 가슴 아픈 기억들도 그렇게 망각되어질 것입니다.

나를 변화시키는 하루 확언
나를 아프게 하는 모든 기억들이 차츰 희미해지고 있다.
가슴 아팠던 나의 과거들도 곧 망각될 것이다.

'thinking from' 하라

결과를 상상하라. 이성이 개입하려 할 것이다.
그러나 끝까지 단순하고 순수한, 기적을 일으킬 수 있는 믿음을 지녀라.

조셉 머피

사람들이 시각화를 할 때 가장 흔히 하는 실수는, 목표 그 자체를 상상하는 것입니다. 예를 들어 A라는 자동차를 목표로 가정한다면 A를 그리는 것이 아니라 A를 타고 드라이브를 즐기는 자기 자신을 상상해야 합니다. 'thinking of'가 아닌 'thinking from'을 해야 합니다. 다시 말해 목표가 이루어진 것을 전제로 목표가 이루어졌다면 그 다음 일어날 수 있는 일들을 상상해야 합니다.

당신의 목표는 무엇입니까?

그 목표가 이루어졌을 때 어떤 일들이 벌어질 것 같나요?

당신은 어떤 말을 하고 어떤 감정을 느낄 것 같습니까?

누가 당신을 축하해 줄 것 같습니까?

당신의 목표가 이루어졌을 때 일어날 수 있는 다양한 상황들을 상상하세요.

나를 변화시키는 하루 확언
나의 긍정적인 상상들은 스스로 살아 움직이는 실체다.
나의 상상은 지금 이 순간 현실이 되어가고 있다.

노력은 결코 헛되지 않을 것이다

어떤 불행이 닥쳐도 희망을 마음속에서 잃어버리면 안 된다.
항상 낙천적일 것, 즉 운명을 즐겨라.
그것이 우리를 행복으로 인도해줄 신앙이다.
오늘을 훌륭히 살아가는 것이 내일의 희망을 찾아내는 일이며,
내일의 희망이 있어야 우리는 밝게 살아갈 수 있다.

헬렌 켈러

매일 주어진 일에 최선을 다하는 것은 정말 힘들고 어려운 일입니다. 당장 내일 어떤 일이 있을지 모르는 것이 인생이기에 기약 없는 노력을 하는 것은 누구에게나 매우 힘든 일입니다.

하지만 스스로도 믿지 못하는 일을 어떻게 이룰 수 있겠습니까?

당신의 미래에 대한 긍정적인 확신을 가지세요. 당신은 반드시 행복해질 것입니다. 당신의 노력과 수고는 결코 헛되지 않을 것입니다.

나를 변화시키는 하루 확언
오늘 내가 한 수고와 노력은 반드시 좋은 열매를 맺을 것이다.
나는 반드시 행복한 삶을 살게 될 것이다.

성취의 과정을 보라

내가 그림 실력을 갈고닦기 위해 얼마나 노력을 하는지
사람들이 안다면 나를 전혀 부러워하지 않을 것이다.

미켈란젤로 부오 나로티

사람들은 성공한 사람들의 결과물만을 바라봅니다. 오로지 그들이 이룬 성과와 그들이 쌓은 부에만 관심을 갖습니다. 그리고는 어느 순간부터 성공한 그들을 가리켜 "그들은 천재다.", "그들은 특별한 재능을 타고났다.", "그들의 성공은 운명적이다."라고 말합니다.

세상에서 가장 잔인하고 비겁한 말 중의 하나는 '천재'라는 말입니다. '천재'라는 말은 성공한 사람들의 땀과 눈물을 폄하하고 노력하지 않는 자들을 정당화시켜 주기 때문입니다.

어느 누구도 수고하지 않고 열매를 맺을 수 없습니다. 그들이 이룬 결과가 아닌, 성취의 과정을 바라보세요. 그들이 보이지 않는 곳에서 자기 자신과 치열하게 치른 전쟁의 흔적들을 바라보세요.

나를 변화시키는 하루 확언
어느 누구도 노력하지 않고 열매를 맺을 수 없다.
나는 치열하게 도전하고 노력하여 가장 가치 있는 열매를 맺는다.

내공(內攻)

사람이 지닌 지혜가 높고 깊을수록
자신의 생각을 나타내는 그의 말은 단순하다.

레프 니콜라예비치 톨스토이

그가 지혜 있는 사람인지 알고 싶다면 그의 말을 들어보세요. 복잡하고 사족이 많이 붙을수록 신뢰하기가 힘든 사람일 확률이 높습니다. 정말 지혜 있는 사람은 단순하고 명료하게 핵심적인 부분을 요약해서 말합니다. 바로 그런 사람이 지식과 경험을 자신의 것으로 만든 사람, 내공이 강한 사람입니다.

내공이 강한 사람을 가까이 하세요. 그들로부터 많은 지혜와 깨달음을 얻을 수 있을 것입니다.

나를 변화시키는 하루 확언
나는 지혜로운 사람들과 좋은 인간관계를 형성한다.
나는 지혜로운 사람들에게서 지혜와 깨달음을 얻는다.

매일 결심하라

좋은 생각이나 아이디어를 한 번도 가져보지 않은 사람은 없다.
다만 그것이 지속되지 않았을 뿐이다.
어제 맨 끈은 오늘 느슨해지기 쉽고 내일은 풀어지기 쉽다.
사람도 결심한 일을 놓지 않아야 변하지 않는다.

『채근담』 중에서

아무리 내면이 강해 보이는 사람도 겉으로 드러나지 않을
뿐 내면에서는 갈등으로 인한 치열한 전쟁이 치러지고 있습니
다. 처음에는 절대 무너질 것 같지 않은 확고한 결심도 작은 장
애물에 쉽게 무너져 내리는 것이 인간의 마음입니다. 처음의
결심을 끝까지 지키기 위해서는 늘어난 피아노 줄을 다시 조율
하듯 새롭게 결단하고 긍정적인 에너지를 지속적으로 만들어
내야합니다. 결심이 흔들릴 때마다 마음을 다잡고 다시 결단
하세요. 늘어난 피아노 줄이 다시 아름다운 음을 낼 수 있도록
당신의 마음을 조율하세요.

나를 변화시키는 하루 확언
나는 매일 새롭게 결단하여 의지를 다진다.
나는 발전기처럼 끊임없이 스스로 긍정적인 에너지를 만들어낸다.

모든 문제에는
반드시 해결책이 있다

'no'를 거꾸로 하면 'on'이 된다.
모든 문제에는 반드시 풀 수 있는 열쇠가 있다.
끊임없이 생각하고 해결책을 찾아내라.

노먼 빈센트 필

사람의 인생에는 항상 문제가 생기지만 해결책 없는 문제는 없습니다. 당장 그것을 해결할 해답이 생각나지 않는다고 해결책이 없다고 판단하는 것이야말로 완벽한 착각입니다. 영원히 해결되지 않는 문제는 없습니다. 모든 문제는 일시적인 것입니다.

착각에서 벗어나세요. 지금 당신이 어떤 문제에 처해있든 분명 해결책은 있습니다. 어떤 어려운 문제라도 반드시 해결될 것이라는 믿음을 가지세요. 그리고 눈을 크게 뜨고 끝까지 해결책을 찾아보세요.

나를 변화시키는 하루 확언
해답이 없는 문제는 없다.
나는 어떤 문제에 처하든 반드시 해결책을 찾아낸다.

이해하고, 인정하고, 존중하자

마음속으로라도 상대방을 하찮게 여기면
그에게 당신을 존중하는 마음을 심어줄 수 없다.

레스 기블린

    사람을 변화시키고자 한다면 그의 약점을 지적하고 실패를 비난하지 마세요. 누군가에게 도움을 주고 자신이 가진 영향력을 발휘하고자 한다면 그에게 사랑과 관심을 가져야 합니다.

    다른 사람들에게 좋은 영향력을 미치고 싶은 사람은 그들을 경멸하거나 얕잡아 보지 않아야 합니다. 사람들로부터 신뢰를 얻고 그들을 긍정적으로 변화시키고자 한다면 우선 그들을 존중해 주세요. 그들의 마음을 이해하고 성장가능성을 인정해 주세요.

나를 변화시키는 하루 확언
나는 사람들을 존중하고 그들의 가능성을 인정한다.
나는 사람들의 신뢰를 얻고 그들을 긍정적인 방향으로 변화시킨다.

한 걸음만 더, 나아가라

절망하지 말라, 종종 열쇠 꾸러미의
제일 마지막 열쇠가 자물쇠를 연다.

체스터 필드

실패자들은 대개 자신이 현재 얼마나 성공에 가까워졌는지
알지 못해서 마지막 한걸음을 남겨두고 포기합니다.

당신을 좌절시켰던 바로 그 지점에서 한걸음만 더 나가보
세요. 더 이상 걸을 수 없을 때까지 걸으세요. 가장 큰 성공은
대개 그곳에 있기 마련입니다.

당신이 할 수 있는 모두를 시도하세요. 당신이 할 수 있는 모
든 것을 하기 전까지는 당신은 최선을 다한 것이 아닙니다. 당
신이 할 수 있는 것이 남아 있다면 아직 끝난 것이 아닙니다.

한 걸음만 더, 단 한 걸음만 더, 용기를 갖고 걸어보세요.

나를 변화시키는 하루 확언
할 수 있는 것이 남아있는 한 결코 끝난 것이 아니다.
나는 가장 절망스러운 상황에서도 마음을 다잡고 한 걸음 더 나
아간다.

기회가 당신 옆을 지나가고 있다

대부분의 사람들은 자신에게 다가온 기회를
마치 바닷가 모래밭에서 어린아이가 하는 놀이처럼 다룬다.
어린이들은 작은 손에 모래를 가득 채웠다가
다시 조금씩 쏟아버린다.
한 알의 모래도 남지 않을 때까지.

데시데리위스 에라스뮈스

사람들은 자신에게 찾아오는 기회를 너무나 쉽게 지나쳐 버립니다. 항상 두 눈을 부릅뜨고 자신에게 다가오는 기회를 잘 포착하여 재빠르게 잡아야하는데 누군가가 와서 친절히 떠먹여 주길 기다리고 있습니다.

정신을 바짝 차리세요. 기회는 언제, 어느 때, 어떤 모습으로 당신을 찾아올지 모릅니다.

나를 변화시키는 하루 확언
나는 늘 내게 어떤 기회가 다가오는지 관찰한다.
나는 나에게 다가온 기회를 결코 놓치지 않는다.

자신에게 최고의 삶을 선물하라

내가 살아 있는 동안에는 결코
나로 하여금 헛되이 살지 않게 하리라.

랄프 왈도 에머슨

세상에서 가장 사랑하는 자기 자신에게 최고의 삶을 선물하
세요.

가장 즐겁고 행복한 삶을 선물하세요.

당신은 최고의 선물을 받을 충분한 자격이 있습니다.

나를 변화시키는 하루 확언
나는 그 무엇보다 나 자신을 사랑한다.
나는 나에게 최고의 삶, 가장 행복한 삶을 선물할 것이다.

독서는 영감의 원천

내가 지금도 독서를 그만두지 않는 것은,
글을 보는 사이에 생각이 떠올라서
정사에 반영하여 시행하게 되는 것이 많기 때문이다.

세종대왕

　직관과 영감은 어느 누가 당신의 머릿속에 저절로 넣어주는 것이 아닙니다. 평소에 당신이 보고 듣고 느낀 정보들은 당신의 잠재의식 속에 모두 저장되게 됩니다.

　직관과 영감은 이 잠재의식 속에 저장되어 있던 정보들이 어느 순간 의식 밖으로 튀어나옴으로써 생기는 것입니다. 잠재의식 속에 저장된 정보의 양이 많을수록 더욱 수준 높은 직관력과 영감을 얻을 수 있습니다.

　평소에 책을 비롯한 다양한 문화를 접함으로써 잠재의식 속에 풍부한 지식과 감성을 저장해 두세요. 언젠가 필요한 순간이 되면 당신이 저장한 정보들이 인생의 지혜로 자연스럽게 변환되어 당신의 삶에 도움이 될 것입니다.

나를 변화시키는 하루 확언
나는 꾸준한 독서를 통해 다양한 지식과 정보를 얻는다.
내가 보고 느낀 모든 것들은 나의 삶을 풍부하게 할 것이다.

누구나 일등이 될 수 있다

인생은 종종 마라톤에 비유된다.
특히 인내와 끈기를 갖고 결승점까지 달려야 한다는 점에서 그러하다.
내가 쉬는 동안에도 경쟁자들은 계속 달린다.
내가 넘어지면 다른 사람들과의 격차는 더욱 벌어진다.
그러나 인생은 마라톤과 분명 다른 점이 있다.
마라톤에서는 기록이 가장 빠른 사람만 일등이 될 수 있다.
하지만 인생에서는 누구나 일등이 될 수 있다.

김영식, 『10미터만 더 뛰어봐』 중에서

인생은 다른 사람들과 경쟁하는 레이스 경주가 아닙니다. 모두 각자의 길을 가는 것일 뿐입니다. 옆 사람이 얼마나 빨리 달리는지 견제하기보다 자신만의 길을 묵묵히 걸어가세요. 누군가 당신보다 빨리 달린다고 해서 당신이 뒤처지는 것도, 혹은 당신이 느리다고 해서 뒤처지는 것도 아닙니다. 그저 각자의 인생을 살아갈 뿐입니다.

어느 누구도 패배자가 아닙니다. 최선을 다해 인생을 살아간다면 누구나 일등이 될 수 있습니다.

나를 변화시키는 하루 확언
남들보다 뒤처진다고 해서 패배자가 되는 것이 아니다.
최선을 다해 인생을 살아간다면 나 역시 인생의 승리자이다.

비워야 소리가 난다

악기는 속이 비어있기 때문에 아름다운 울림이 있는 것입니다.
무겁게 채워진 마음을 한 번 가볍게 비워보세요.
내면에서 울리는 자신의 외침을 들을 수 있을 것입니다.
전경일, 『아버지의 마음을 아는 사람은 결코 포기하지 않는다』 중에서

 부정적인 생각과 감정들, 고정관념, 나를 둘러싸고 있는 문제들에 대한 고민, 미래에 대한 불안감 등 당신의 마음을 가득 채우고 있는 무거운 짐들을 비워내세요. 당신의 내면 깊은 곳에 잠자고 있는 희망들이 스스로 기지개를 펼 수 있도록 잠시만 멈추어 보세요. 그리고 조용히 마음이 하는 말에 귀를 기울여 보세요. 선택의 기로에서 올바른 방향으로 나아갈 길을 당신의 마음이 알려줄 것입니다.

 나를 변화시키는 하루 확언
 조용히 마음의 소리에 집중하여 보세요.
 멈추어야 비로소 내면의 소리를 들을 수 있습니다.

실패와 좌절이
새로운 기회를 만든다

하나의 문이 닫히면 다른 문이 열린다.
하지만 우리는 그 닫힌 문을 너무 오래 바라보기 때문에
우리를 위해 열려있는 다른 문을 바라보지 못한다.

헬렌 켈러

우리가 종종 저지르는 실수와 우리를 좌절시키는 실패가 때로는 새로운 길을 열어주기도 합니다. 모든 것이 끝났다고 생각하는 그 순간, 다른 한쪽에서는 실패로 인한 새로운 기회가 만들어집니다.

모든 것이 원하는 대로 이루어진다고 해서 반드시 최고의 기회를 얻을 수 있는 것은 아닙니다. 때로는 실수와 실패가 예상 밖의 기회를 만들기도 합니다. 길을 잃었기 때문에 새로운 길을 모색하다보니 더 나은 길을 찾게 되는 것이죠.

끝이라는 생각이 들 때, 조금만 더 여유를 갖고 주위를 바라보세요. 분명 당신이 예상치 못한 더 나은 기회, 기대했던 것 이상의 축복을 찾을 수 있을 것입니다.

나를 변화시키는 하루 확언
실패했다고, 나아갈 길이 막혔다고 상처받지 말자.
나의 실수와 잘못들이 기대 이상의 새로운 문을 열어줄 것이다.

오늘은 선물이다

어제는 역사이고, 내일은 미스터리이며, 오늘은 선물이다.
그렇기에 우리는 현재(Present)를 선물(Present)이라고 한다.

더글러스 대프트

오늘 하루는 신이 주신 기회이자 선물입니다.

지나간 어제와 다가올 내일은 우리 앞에 존재하지 않습니다. 오직 우리가 느낄 수 있고 마음껏 꿈을 펼칠 수 있는 순간은 오늘입니다.

우리에게 주어진 살아 있는 오늘을 사랑하세요.

나를 변화시키는 하루 확언
나에게 오늘은 기회이자 선물이다.
나는 오늘이라는 선물을 값지게 이용한다.

행로 효과

당신이 볼 수 있는 지점까지 최선을 다해 나아가라.
일단 그곳에 도착하면 당신은 더 멀리 볼 수 있게 된다.

지그 지글러

행로 효과란 처음 출발점에서는 보이지 않던 길들이 목표지점에 다가갈수록 보이는 것을 말합니다. 예를 들어 A 지점을 출발점으로 해서 목표점인 B 지점을 향해 이동한다면, 이동하는 길의 중간 지점에서는 출발점에서는 보이지 않았던 다양한 길이 보이는 것입니다.

인생에서도 행로 효과가 있습니다. 지금 당장은 목표점으로 가는 길들이 제대로 보이지 않거나 멀게만 느껴져도 일단 출발해서 길을 가다보면 다양한 길들이 보일 것입니다.

모든 일의 처음과 끝을 다 알 수는 없습니다. 용기를 내서 먼저 첫발을 내딛고 목표를 향해 길을 걸어가세요. 반드시 어느 지점에서는 보이지 않는 길이 보이고 성취를 위한 더 좋은 지름길이 보일 것입니다.

나를 변화시키는 하루 확언
출발점에서부터 모든 행로를 다 알 필요는 없다.
일단 길을 걸으면 반드시 더 좋은 지름길이 나타날 것이다.

달콤한 말에 현혹되지 마라

잘 짖는다고 좋은 개가 아닌 것처럼
말을 잘한다고 현명한 사람은 아니다.

장자

거짓말을 하는 것은 그리 어려운 일이 아닙니다. 당신의 귀에 듣기 좋은 달콤한 말 몇 마디 하는 일쯤이야 누구라도 할 수 있는 일입니다. 그럴듯한 말, 듣기 좋은 달콤한 말에 당신의 마음을 빼앗기지 마세요.

나를 변화시키는 하루 확언
나는 듣기 좋은 달콤한 말에 현혹되지 않는다.
나는 항상 신중하게 상황을 판단한다.

중독은 중독으로 극복하자

자라나는 손톱이 먼저 생긴 손톱을 밀어내는 것처럼
나중에 생긴 버릇이 앞의 버릇을 정복한다.

데시데리우스 에라스뮈스

항상 고쳐야한다고 생각하면서도 고치지 못한 나쁜 습관이 있다면 그것은 습관이라기보다는 일종의 중독으로 보아야 합니다.

나쁜 습관의 유혹이 너무 크기 때문에 마음으로는 고치고자 하여도 실제로는 고치고 싶지 않은 것입니다. 이러한 중독을 극복하기 위해서는 중독을 고치려 하기보다 새로운 중독으로 극복해야 합니다. 나쁜 습관이 주는 즐거움을 뛰어넘을 수 있을 만큼 매력적이면서 삶에 긍정적인 영향을 줄 수 있는 유익한 중독에 빠져 보세요.

나쁜 습관을 고치려 하기보다 나쁜 습관을 잊을 수 있는 더 즐겁고 긍정적인 습관을 갖기 위하여 노력해 보세요. 중독은 오직 중독으로만 이길 수 있습니다.

나를 변화시키는 하루 확언
내가 가진 나쁜 습관은 나의 삶에 악영향을 끼친다.
나는 나쁜 습관을 물리칠 수 있는 유익한 습관을 익힐 것이다.

당신은 분명 해낼 수 있다

예수께서 이르시되, 할 수 있거든이 무슨 말이냐?
믿는 자에게는 능치 못할 일이 없느니라.

마가복음 9장 23절

당신은 할 수 있습니다. 그것이 무엇이든 당신이 굳은 믿음을 행동으로 옮긴다면 당신은 분명 원하는 바를 이루어 낼 수 있습니다. 현재 처해 있는 상황이나 환경, 부족함을 생각하지 마세요. 나는 반드시 원하는 것을 꼭 이룰 수 있을 것이라는 믿음으로 스스로를 굳게 믿으세요.

말하고 생각하고 상상함으로 믿음을 만들고 그 믿음을 지키세요. 무슨 일이든 결국은 믿음의 문제입니다.

나를 변화시키는 하루 확언
나는 할 수 있다. 나는 내가 원하는 삶을 살게 될 것이다.
나는 목표를 이룰 수 있다는 믿음으로 믿음을 지킨다.

불행은 없다

현실이 불행하다고 생각하지 말자.
내 인생에 불행은 없었다. 어려움도 고통도 힘겨움도 모두
내가 만들어 놓은 기준에 의한 착각일 뿐이었다.

박찬호, 한국인 최초 메이저리거

    행복과 불행은 상대적인 것입니다. 스스로 실현불가능한 행복의 기준을 세워놓고 모든 일을 판단한다면 그 무엇도 당신을 행복하게 만들 수 없을 것입니다. 하지만 주어진 삶에 감사하며 작은 일에도 만족하는 사람에게는 어떤 불행도 존재하지 않습니다. 그에게는 그저 하루하루가 즐거운 경험일 따름입니다.

    행복과 불행은 상황이 아닌 생각에 의해서 결정된다는 것을 꼭 기억하세요.

나를 변화시키는 하루 확언
행복과 불행은 상대적인 것이다.
나는 항상 주어진 삶에 감사하며 늘 행복한 삶을 살아간다.

틀린 것이 아니라 다른 것

두 사람이 서로 '다른 점'을 각자의 개성으로 인정하지 않고
'틀린 점'으로 취급하는 순간, 갈등이 시작된다.
처음 만났을 때의 마음처럼 '다르다'를 '다르다'로 기쁘게 인정하자.
세월이 흘러 '다르다'가 '틀리다'로 느껴진다면
이전보다 꼭 두 배만 배려하는 마음을 갖자.

최일도, 『참으로 소중하기에 조금씩 놓아주기』 중에서

다른 사람과 의견을 조율하는 일은 무척 어려운 과정입니다. 서로의 의견을 듣고 논의하는 과정에서 서로의 차이를 인정하지 않는다면 서로에게 깊은 상처를 남길 수 있습니다. 우리 모두는 서로가 다른 환경, 다른 인생을 살아왔듯이 같은 문제를 보면서도 얼마든지 다른 시각으로 생각할 수 있습니다. 옳고 그른 생각이 있는 것이 아니라 서로 다른 생각이 있을 뿐입니다.

조금 더 여유를 가지고 더 넓은 시각으로 상대를 바라보세요.

나를 변화시키는 하루 확언
나와 의견이 같지 않을 수 있는 것은 자연스러운 일이다.
나는 대화로써 나와 의견이 다른 사람들과 서로의 의견을 조율한다.

계획들을 시각화하라

성공적인 인생을 사는 사람들은 자신의 상상력을 활용한다.
그들은 한발 앞서서 생각하고, 머릿속에 세세한 그림을 그려내어서,
그것을 기초로 꾸준히 성공을 쌓아나간다.

로버트 J. 콜리어

　시각화를 할 때에는 목표의 결과뿐 아니라 결과에 이르기까
지의 과정도 시각화하는 것이 효과적입니다. 예를 들어 어떤
시험에 합격하고자 한다면 공부를 열심히 하는 자신의 모습,
시험 문제를 능숙하게 풀고 있는 자신의 모습 등을 마음속으로
시각화하는 것입니다. 목표가 성취되어 가는 과정을 시각화함
으로써 목표가 이미 성취되었다는 사실에 타당성을 부여하고
잠재의식 속의 신념을 더욱 강화시킬 수 있습니다.

나를 변화시키는 하루 확언
나의 긍정적인 상상은 현실이 된다.
지금 이 순간 내 마음속의 그림들이 현실로 이루어지고 있다.

여유 있는 마음이
해결책을 찾아낸다

낙관적인 사람은 문제가 발생해도 해결책을 찾아내고,
어려움이 있어도 극복할 수 있다고 믿고,
부정적인 상황을 보아도 긍정적인 상황을 강조하고,
최악의 경우에 맞닥뜨려도 최선의 결과를 기대하고,
불평할 근거가 있어도 미소 짓기로 마음먹는다.

월리엄 아서 워드

문제가 생겼다고 해서 잔뜩 인상을 찌푸리고 우울해 하지 마세요. 문제가 있는 것은 아주 정상적이고 일상적인 일입니다.

어차피 인생이란 평생 문제를 마주하고 해결하는 과정의 연속입니다. 문제를 빨리 해결하려고 조바심을 내기보다는 여유 있는 태도를 가지세요. 조급증을 낼수록 문제를 해결할 좋은 생각은 더 멀어지는 법입니다.

엄숙한 말보다는 유쾌한 농담이 어려운 문제를 더 효과적으로 해결하는 경우가 많습니다. 여유를 가질수록 오히려 유연하고 창의적인 생각을 할 수 있습니다.

나를 변화시키는 하루 확언
내 마음 안엔 분명 해결책이 있다. 나는 늘 여유 있는 태도로 창의적이고 효과적인 해결책을 찾아낸다.

위기를 이겨내는 힘

힘은 이기는 데서 오는 게 아니다.
지금 당신이 겪는 악전고투가 당신의 힘을 키운다.
어떤 고난도 절대로 포기하지 않겠다고 결단하는 것, 그것이 바로 힘
이다.

아널드 슈워제네거

소설에서도 발단-전개-위기-절정-결말의 과정을 거치듯이
목표를 성취하는 과정 또한 마찬가지입니다.

결말에 다가갈수록 위기와 장애물은 점점 더 커지게 됩니
다. 전에 없던 어려움을 겪고 있다면 두려워하지 마세요. 이제
끝이 얼마 남지 않았다는 표시입니다. 끝까지 신념을 붙들고
위기의 순간들을 이겨내세요.

분명 당신이 맞이할 결말은 해피엔딩일 것입니다.

나를 변화시키는 하루 확언
나는 끝까지 내 믿음을 지켜낸다.
위기와 고난이 커질수록 나는 점점 더 강인해진다.
내 인생의 결말은 해피엔딩이다.

변명거리를 만들지 마라

거울 속의 자신을 향해 질문을 던져보라.
진정 내 꿈을 가로막고 있는 것은 무엇인가?
혹시 내 꿈을 가로막고 있는 것이 정작 나 자신은 아니었던가?
주위의 여건을 핑계 삼아 나약하게 숨어있던 것은 아닌가?

토마스 바샵

사람에겐 이상한 버릇이 있습니다. 그것은 일을 시작하기도 전에 실패했을 때를 대비하며 늘어놓을 변명거리를 먼저 만든다는 것입니다.

"시간이 없어서", "경쟁률이 높아서", "요새 취업이 워낙 힘들어서", "기대했던 기회가 나타나지 않아서" 등등.

성공을 꿈꾸기도 전에 변명거리를 만듭니다. 자신과 비슷한 상황에서 꿈을 이룬 사람들의 이야기에서 배울 점을 찾기보다는 어두운 면만을 보며 자신이 실패할 수밖에 없는 이유를 찾는데 더 많은 에너지를 소비합니다.

실패할 이유를 찾는데 시간을 낭비하지 마세요. 성공과 실패는 온전히 자기 자신의 책임입니다.

나를 변화시키는 하루 확언
나의 삶은 온전히 내 책임이다.
행복과 불행의 원인은 모두 나에게 있다.

지연은 거절이 아니다

"꿈을 이루는 과정에서 여러분도 많은 벽에 부딪힐 겁니다.
하지만 명심하세요. 벽은 여러분을 멈추게 하려고 있는 게 아니에요.
벽은 여러분이 그 꿈을 얼마나 이루고 싶어 하는지 일깨워주려고 있는
겁니다.
벽은 여러분이 아니라, 그 꿈을 진정으로 원하지 않는
사람들을 막기 위해 있는 것입니다."

랜디 포시, 『마지막 강의』 중에서

한계에 부딪혔다고 해서 너무 상심하지 마세요. 눈앞의 벽
이 너무나 커보여도 쉽게 포기하지 마세요. 지연은 거절이 아
닙니다. 당신의 계획보다 조금 늦어진다고 해서 그것이 신의
거절을 뜻하는 것은 아닙니다.

기다리는 법을 배우세요. 당신의 생각보다 늦어지는 것만큼
당신의 기대보다 더 큰 열매를 맺게 될 것입니다.

나를 변화시키는 하루 확언
나의 목표가 조금 늦어진다고 너무 상심해 하지 말자.
나의 계획이 조금 늦어진 만큼 더 큰 열매를 맺을 것이다.

환경의 양면성

항구에 무사히 배를 실어다 준 똑같은 바람이
어떤 배는 해안 멀리 날려 보낼 수도 있다.

크리스천 네스텔 보비

이 세상에 어떤 일도 무조건 좋기만 하고 무조건 나쁘기만 한 일은 없습니다. 모든 일에는 항상 양면성이 있기 때문에 좋게도 작용하고 나쁘게도 작용하는 것입니다.

하지만 고정된 시각으로만 사물을 바라본다면 그것의 뒷면에 숨겨진 긍정적인 면을 볼 수 없을 것입니다. 넓은 시야로 유연한 사고를 하세요. 지금 겪고 있는 일, 현재 처한 환경의 뒷면을 바라보세요. 분명 당신이 생각지 못한 플러스요인이 숨어 있을 것입니다.

나를 변화시키는 하루 확언
모든 일에는 반드시 긍정적인 면이 있다.
나는 뒷면에 숨겨진 긍정적인 요인을 찾아내어 상황을 유리하게 만든다.

먼저 행복하라

성공이 행복의 열쇠가 아니라, 행복이 성공의 열쇠다.
자신의 일을 사랑한다면 기필코 성공하게 될 것이다.

허먼 케인

성공해야만 행복할 수 있다고 생각한다면 결코 성공할 수 없을 것입니다. 하지만 현재 주어진 상황과 환경에 감사하고 작은 것에도 행복한 감정을 느낀다면 더 큰 행복을 위해 성공을 끌어당기게 될 것입니다.

먼저 행복하십시오. 행복이 성공을 불러올 것입니다.

나를 변화시키는 하루 확언
나는 행복한 사람이다.
나는 지금 이 순간이 너무나 만족스럽고 감사하다.
나는 이미 충분히 행복하다.

긍정적인 생각의 씨앗을 뿌려라

마음속에 뿌려진 생각의 씨앗은 같은 종류의 싹을 틔우고 자라면서
행동으로 꽃을 피우고 환경이라는 열매를 맺는다.
좋은 생각은 좋은 열매를 맺고 나쁜 생각은 부실한 열매를 맺을 것이다.
제임스 알렌, 『원인과 결과의 법칙』 중에서

생각은 하나의 씨앗과 같습니다. 어떤 씨앗을 뿌리느냐에
따라 열매가 달라지듯이 생각 또한 마찬가지입니다. 부정적인
생각은 부정적인 열매를, 긍정적인 생각은 긍정적인 열매를 맺
습니다.

긍정적인 생각의 씨앗을 뿌리세요. 당장 눈에 보이지 않더
라도 포기하지 않고 노력하며 기다린다면 반드시 당신이 원하
는 합당한 열매를 얻을 수 있을 것입니다.

나를 변화시키는 하루 확언
나는 항상 긍정적으로 생각한다.
내가 심어 놓은 긍정적 생각의 씨앗은 때가 되면 좋은 열매를 맺
을 것이다.

모든 가능성이 잠들어 있는 하루

내가 헛되이 보낸 오늘 하루는
어제 죽어간 이들이 그토록 바라던 하루이다.
단 하루면 인간적인 모든 것을
멸망시킬 수도 있고 다시 소생시킬 수도 있다.

소포클레스

하루의 가치는 위대합니다. 하루를 전후로 하여 많은 생명
이 사라지고 또 새롭게 태어납니다. 하루가 지나면 세상은 완
전히 새롭게 변화됩니다. 우리에게 주어진 하루라는 시간은
모든 가능성을 내포하고 있습니다. 단 하루 사이에 인류가 멸
망하거나 혹은 새로운 차원의 도약이 일어날 수도 있습니다.
모든 가능성이 잠들어 있는 하루하루를 소중히 다루세요.

나를 변화시키는 하루 확언

나에게 주어진 하루에는 모든 가능성이 잠들어 있다.
나는 나에게 주어진 하루하루를 소중히 여긴다.

어려운 상황일수록 침착하라

성급함에는 반드시 오류가 포함되어 있다.

니시다 기타로

영국 속담 중에 '폭풍우를 만나면 아무 항구나 택한다.'는 말이 있습니다. 이처럼 사람들은 갑작스런 어려운 문제에 부닥치면 급한 마음에 무슨 짓이라도 해서 그 상황을 최대한 빨리 벗어나려고 합니다. 하지만 대개의 경우 그런 선택은 오히려 상황을 악화시키는 경우가 많습니다.

급하고 어려운 상황일수록 더욱 침착함을 유지하도록 노력하세요.

배는 바다 한가운데서나 항구 근처에서도 난파될 수도 있습니다.

나를 변화시키는 하루 확언

나는 어떤 상황에서도 침착함을 유지한다.

나는 급한 상황에서도 마음의 평정을 유지하여 바른 선택을 한다.

삶의 기준과 원칙을
스스로 정하라

나는 세상의 어떤 규칙보다도
나 자신의 원칙을 가장 존중한다.

미셸드 몽테뉴

　　자기 스스로 삶의 기준과 원칙을 정하세요. 다른 사람들이 어떤 기준으로, 어떤 삶의 방식으로 살아가는지는 중요하지 않습니다. 중요한 것은 바로 당신 자신이 어떤 기준과 원칙으로 살아갈 것인가의 문제입니다.

　　어떤 원칙과 기준을 가지고 살아가야 할지, 스스로 생각하고 결정하여 그것을 마음속 깊이 새기세요.

나를 변화시키는 하루 확언
내가 세상을 어떻게 살아가야 할지,
어떤 기준과 원칙으로 살아갈 것인지는
전적으로 내가 결정한다.

존중받을 만한 사람이 되자

리더에게 가장 필요한 덕목은 다름 아닌 진실성이다.
어느 곳에 있든지 간에 진실성이 없으면 진정한 성공을 거둘 수 없다.
동료에게 진실성을 보이지 못하는 사람은 실패할 수밖에 없다.
그런 사람은 먼저 말과 행동을 일치시켜야 한다.

드와이트 아이젠하워

사람들은 자신의 생각과 다를지라도 원칙과 신념을 따르고 약속을 잘 지키는 사람을 신뢰하고 존경합니다. 다시 말해서 진실성 없이 말과 행동이 다르고, 쉽게 신념과 약속을 저버리는 사람을 어느 누구도 존경하지 않습니다.

당신이 추구하는 가치관을 확고히 세우세요.

당신이 옳다고 믿는 신념, 삶의 원칙, 그리고 가장 중요한 것은 당신의 말과 행동의 일치입니다.

나를 변화시키는 하루 확언
나는 옳다고 믿는 신념과 원칙을 세운다.
나는 말과 행동을 일치시킨다.

열린 마음으로 세상을 바라보자

모든 일은 마음먹기에 달렸다.
굳게 닫힌 마음을 활짝 열린 마음으로 전환하지 않는 한,
올바르게 세상을 바라볼 수 있는 새로운 눈은 열리지 않는다.

법정스님

세상은 어떻게 바라보느냐에 따라 그 모습을 달리합니다. 마음을 닫고 온통 부정적인 눈으로 세상을 바라본다면 어둠만을 보게 될 것입니다.

세상이 먼저 다가와 당신을 반기지 않습니다. 세상을 향해 당신이 먼저 다가가야 합니다. 마음을 열고 긍정적인 눈으로 세상을 바라보세요. 그래야 어둠 이면에 비치는 밝은 빛을 보게 될 것이며 당신의 꿈을 함께 이뤄줄 든든한 친구가 되어 줄 것입니다.

나를 변화시키는 하루 확언
나는 항상 열린 마음으로 세상을 바라본다.
세상은 나와 함께 내 꿈을 이루어줄 친구다.

간격(間隔)을 유지하라

함께 있되 거리를 두라. 그래서 하늘 바람이 그 사이에서 춤추게 하라.
서로 사랑하라. 그러나 사랑으로 구속하지는 마라.
그보다 너희 혼과 혼의 두 언덕 사이에 출렁이는 바다를 놓아두라.
서로 가슴을 내어주라. 그러나 서로의 가슴 속에 묶어 두지는 마라.
오직 큰 생명의 손길만이 너희의 가슴을 간직할 수 있다.
함께 서 있으나 그러나 너무 가까이 서 있지는 마라.
사원의 기둥들도 서로 간격을 두고 떨어져 있고
참나무와 삼나무는 서로의 그늘 속에선 자랄 수 없다.

　　　　　　　　칼릴 지브란, 『사랑을 지켜가는 아름다운 간격』 중에서

사람과 사람 사이가 오래도록 아름답게 지속되기 위해서는 서로의 공간을 지켜주는 적당한 간격이 필요합니다. 사랑한다고 해서 너무 가까이 다가서지 마세요. 적당한 거리를 유지하고 사랑하는 그 사람의 공간을 지켜주세요. 서로가 성장할 수 있을 만큼의 여백은 남겨두세요.

나를 변화시키는 하루 확언
사람과 사람 사이에는 적당한 간격이 필요하다.
나는 좋은 인간관계를 유지하기 위해 항상 일정한 거리를 유지한다.

여행을 통해 자신을 돌아보라

쾌락은 우리를 자기 자신으로부터 떼어놓지만
여행은 스스로에게 자신을 다시 끌고 가는 하나의 고행이다.

알베르 카뮈

우리는 여행을 통해 자신을 볼 수 있습니다.

세상과 마주 보는 법을 배우는 자신을,

두려움을 떨쳐 버리기 위해 어깨를 펴고 눈을 부릅뜨는 자신을,

세상과 마주하며 세상의 풍경을 자신의 가슴 안에 담으려는 자신을.

나를 변화시키는 하루 확언

나는 여행을 통해 나의 내면을 바라본다.

나는 여행을 통해 나 자신과 깊이 있는 대화를 나눈다.

성실, 또 성실

오늘 나의 불행은
언젠가 잘못 보낸 시간의 보복이다.

나폴레온 힐

성실은 아무리 강조해도 지나치지 않습니다. 당신에게 주어진 하루하루, 매 순간순간을 유익한 시간들로 채우세요. 성실하게 삶을 살지 않는다면 언젠가 게으름으로 보낸 지나간 시간들이 당신의 삶에 고통으로 다가올 것입니다.

나를 변화시키는 하루 확언
나는 하루하루, 매 순간순간을 성실하게 산다.
나는 성실하지 않은 삶은 언젠가 고통으로 다가올 것임을 명심한다.

목표에 집중하라

장애물은 나를 무너뜨리지 못한다.
모든 장애물은 단호한 결단력을 낳는다.
하늘의 별에 시선을 고정한 사람은 마음을 바꾸지 않는다.

레오나르도 다빈치

목표를 이루고 싶다면 그 목표에만 시선을 집중하십시오. 당신이 어떤 목표를 갖든 이룰 수 있는 이유보다는 이룰 수 없는 이유가 많을 것이며, 기회보다는 장애물이 더욱 많을 것입니다. 때문에 이런저런 주변 상황에 자꾸 눈을 돌리면 처음 가졌던 의지도 확신도 약해질 것입니다.

당신의 눈을 언제나 주변이 아닌 목표점, 그 곳에 고정하세요. 그리고 그 목표만 바라보고 움직이세요. 부정적인 주변의 소리에 귀를 기울이지 마세요. 오직 목표를 성취해낸 미래의 당신이 말하는 소리에만 집중하세요.

나를 변화시키는 하루 확언
나는 불필요한 주변상황에 눈을 돌리지 않는다.
나는 항상 이루고자 하는 목표에만 집중한다.

당신의 전부를 쏟아 부어라

보통의 사람들은 자신의 일에 자신이 가진 에너지와 능력의 25%를 투여한다.
세상은 능력의 50%를 일에 쏟아 붓는 사람들에게 경의를 표하고,
자신의 100%를 전부 헌신하는 몇 안 되는 사람들에게 머리를 숙인다.
앤드류 카네기

건곤일척의 순간, 자신의 인생을 뒤바꾸어 놓을 승부의 순간에는 자신의 모든 것을 걸어야 합니다. 조금의 시선도 다른 곳으로 돌려선 안 됩니다. 결정적 승부는 찰나의 순간에 결판이 나는 법입니다. 당신의 인생에서 가장 중요하다고 생각되는 순간이 찾아왔을 때 당신의 전부를 쏟아 부으세요. 당신이 가진 모든 것을 내던지세요. 당신의 시간, 에너지, 열정, 목표의식, 생각, 상상력 등 당신이 가진 모든 무기들을 사용하세요.

당신의 전부를 하나의 목표에 전력투구할 수 있다면 인생의 가장 중요한 승부에서 반드시 승리할 수 있을 것입니다.

나를 변화시키는 하루 확언
나는 내 인생의 가장 중요한 승부처라고 판단될 때에는
내가 할 수 있는 모든 것을 던져 승리를 쟁취한다.

Just do it!

구하라, 그리하면 얻을 것이요,
찾으라, 그리하면 찾아낼 것이요,
문을 두드리라, 그리하면 너희에게 열릴 것이니
구하는 이는 받을 것이요,
찾는 이는 찾아낼 것이요,
두드리는 이에게는 열릴 것이니라.

마태복음 7장 7절

JUST DO IT.

세계적인 브랜드 나이키의 대표적인 슬로건입니다. 나이키는 이 슬로건을 내걸고 당시 세계 최고의 운동화 브랜드였던 아디다스를 뛰어넘었습니다. 당신도 한 번 해보세요. 해보고 싶은 일을 무조건 한 번 해보는 겁니다.

까짓것, 두려움을 내려놓고 아무생각 없이 한 번 시도해 보는 거죠.

JUST DO IT.

나를 변화시키는 하루 확언
나는 하고 싶은 일이 있으면 무작정 도전한다.
언제까지나 기다릴 수만은 없지 않은가?

천재도 즐기는 사람은
이기지 못한다

일을 즐겁게 하는 자는 세상이 천국이요,
일을 의무로 생각하는 자는 세상이 지옥이다.

　　　　　　　　　　　　　　　　　레오나르도 다빈치

　천재는 노력하는 자를 이기지 못하고, 노력하는 자는 즐기는 자를 이기지 못합니다. 어떤 일을 하든 그 일을 즐겁게 하는 사람은 좋은 결과를 만들어 냅니다. 그 이유는 즐기는 자가 노력하는 자보다 더욱 열정적이기 때문입니다.

　우리는 즐거운 놀이를 할 때 정말 최선을 다합니다. 밤을 새워 공부하는 일은 힘들어도 노는 일은 며칠 밤이라도 즐겁게 할 수 있지요. 일도 마찬가지입니다. 일을 놀이하듯 즐기는 사람은 자신도 모르는 사이에 누구보다 집중하고 많은 에너지를 쏟게 됩니다.

　나를 변화시키는 하루 확언
나는 내게 주어진 일, 스스로 세운 목표를 성취하는 일을 즐긴다.
나는 항상 즐거운 마음으로 놀이하듯 일한다.

믿음

믿음은 바라는 것들의 실상이요, 보지 못하는 것들의 증거이니
선진들이 이로써 증거를 얻었느니라.
믿음으로 모든 세계가 하나님의 말씀으로 지어준 줄을 우리가 아나니
보이는 것은 나타난 것으로 말미암아 된 것이 아니니라.

히브리서 11장 1~3 절

이상적인 결과를 그려내는 시각화 기법은 목표를 성취하는
데 있어서 어떤 기법보다 강력한 힘을 발휘합니다. 왜냐하면
믿음은 바라는 것들의 실상(이미지)이기 때문입니다. 즉 믿음
은 추상적인 것이 아니라 실제처럼 그려진 그림, 그 자체를 말
하는 것입니다.

구체적이고 실제적인 시각화를 하기 위해 노력하십시오. 마
음속에 구체적인 그림이 없다면 아무리 믿음이 있다 말한들 믿
음이 없는 것과 같습니다. 믿음은 목소리만 높인다고 얻어지
는 것이 아닙니다. 목표가 성취될 것이라는 확실한 믿음을 얻
기 위해서는 반드시 구체적인 그림을 먼저 그려내야 합니다.

나를 변화시키는 하루 확언
나는 구체적인 시각화를 통해 실제 같은 그림을 그려낸다.
내가 그린 그림은 나의 내면에 믿음으로 변화되어 현실이 된다.

무엇보다 자신을 사랑하라

자신과 연애하듯 살아라. 자부심이란 다른 누구도 아닌
오직 자신만이 자기 자신에게 줄 수 있는 것이다.
다른 사람들이 당신에 대해 어떤 말을 하든, 어떻게 생각하든 개의치 말
고 언제나 자신과 연애하듯이 삶을 살아라.

어니 J. 젤린스키

한평생 계속되는 로맨스, 그것은 바로 자기 자신에 대한 사
랑입니다. 우리는 무엇보다 자기 자신을 믿고 사랑해야 합니다.

스스로 자신의 가치를 낮게 여기고 사랑하지 않는다면 어느
누구도 당신을 사랑하지 않을 것입니다. 자기 자신을 가치 있
게 여기세요. 그 무엇보다 자기 자신 스스로를 사랑하고 아껴
주세요. 자기 스스로를 가치 있고 사랑스럽게 여길 때 세상도
당신을 그렇게 대할 것입니다.

나를 변화시키는 하루 확언
나는 나를 사랑한다.
나는 세상 누구보다 나 자신을 사랑한다.

멈추지 마라! 계속 전진하라!

지키려고 하는 순간 무너지기 시작된다.
현상 유지에 몰두하는 것이 실패하는 기업의 가장 큰 특징이다.

짐 해리스

세상은 단 한 순간도 멈추지 않고 변화하고 있습니다. 어제의 세상과 오늘의 세상은 단 하루의 차이일지라도 분명 다른 세상입니다.

우리도 세상의 일부분입니다. 세상이 변하는데 나만 혼자 멈추어 있다고 어제와 똑같은 위치에 있는 것이 아닙니다. 날마다 새로워지지 않으면 날마다 퇴보하는 것입니다. 전진도 후퇴도 하지 않는 현상 유지라는 것은 애초에 존재하지도 않았습니다.

우리에게 있어 선택은 오직 두 가지, 성장하거나 퇴보하거나 양자택일뿐입니다.

당신은 어느 쪽을 선택하시겠습니까?

나를 변화시키는 하루 확언
나는 매일 성장하고 발전한다.
나에게 현상유지란 없다. 오직 성장만을 추구한다.

젊음을 헛되이 보내지 말라

젊었을 때 공부를 소홀히 하는 자는 과거를 잃고,
미래에 대해서도 죽은 자가 된다.

에우리피데스

젊음의 찬란함은 한때입니다. 현재 아무리 빛나는 시절을 보내고 있다 하더라도 시간이 흐르면 언젠가 그 빛도 쇠하게 될 것입니다. 젊음의 시기를 귀하게 여기세요. 청년의 넘치는 에너지는 방탕함이 아닌 미래를 위한 배움에 투자되어야 합니다.

젊은 시절을 미래에 대한 아무런 준비 없이 헛되이 보낸다면 반드시 후회할 날이 올 것입니다.

나를 변화시키는 하루 확언
나는 항상 새로운 지식을 배우는 일에 노력한다.
나는 꾸준한 자기 혁신을 통해 발전하고 성장한다.

몰입

매일 정신이 아득할 정도로 많은 시간을 연습에 쏟고 나면
다른 선수들에게는 없는 능력이 생김을 느낀다.
예를 들면 투수가 공을 던지기 전부터 그 공이 커브냐, 직구냐를 알 수
있게 된다.
그리고 날아오는 공이 수박덩어리처럼 크게 보이게 된다.

행크 에런, 메이저리그 홈런왕

몰입에는 아주 특별한 힘이 있습니다. 집중을 넘어선 몰입의 상태에서 인간은 평소 자신이 가진 능력 이상의 것을 발휘합니다. 시간의 흐름, 공간, 자기 자신까지 잊어버릴 만큼의 몰입은 자신조차 이해할 수 없을 정도의 잠재력을 끌어올립니다.

당신의 목표에 몰입하세요. 이루고자 하는, 당신이 간절히 희망하는 그 일에 몰입하세요. 몰입을 통해 당신 안에 잠들어 있던 거인을 깨우세요.

나를 변화시키는 하루 확언
나는 나의 목표에 완전히 몰입한다.
나는 몰입을 통해 내 안에 잠들어 있던 잠재력이라는 거인을 깨운다.

데드 포인트를 넘겨라

다른 사람에 비해 재주가 없다고 스스로 한계를 짓지 마라.

백곡 김득신

조선의 선비 김득신은 명문 사대부 가문의 자손으로 그의 아버지는 부제학의 지위에 오른 사람이었습니다. 하지만 김득신은 매우 우둔하여 글을 외우고 이해하는 속도가 터무니없이 느렸기 때문에 주위 사람들조차 그에게 공부를 포기하라고 충고할 정도였습니다. 그가 할 수 있는 유일한 방법은 그저 읽고 또 읽는 것이 전부였습니다. 결국 그는 59세에 이르러서야 과거에 급제하고 성균관에 입학할 수 있었습니다. 하지만 그는 당대 최고의 시인으로 세상에 자신의 이름을 알렸습니다.

누구나 노력의 한계점, 데드 포인트가 정해져 있습니다. 자신이 생각하는 노력의 한계를 뛰어넘어 보세요. 한계를 넘을 때, 당신이 자기 자신과의 투쟁에서 이긴 위대한 승자라는 것을 깨닫게 될 것입니다.

나를 변화시키는 하루 확언
내가 생각하는 노력의 한계를 넘어설 때까지 노력하자.
나를 이기는 순간 나는 세상을 이길 수 있다.

제대로 살고 있는가?

착하게 산다는 것이 어수룩한 삶은 아닌지,
지혜롭게 산다는 것이 이기적인 삶은 아닌지,
항상 자신의 행실을 생각하는 삶을 살아야 한다.

킨스버그

　　우리는 늘 제대로 삶을 살아가고 있는지 스스로 자신을 점검해 보아야 합니다. 처음에 생각했던 모습으로 살아가고 있는지 한걸음 물러서서 객관적으로 자신을 바라볼 수 있어야 합니다.

　　당신은 지금 자신이 생각한 대로 살고 있습니까?

나를 변화시키는 하루 확언
잠시 자신이 생각했던 바대로 삶을 살고 있는지,
주어진 상황에 끌려 다니며 살진 않았는지,
스스로를 점검하는 시간을 가져보세요.

번뇌하는 마음을 우선 해결하라

마음이 초조하고 산만해지면 휴식을 취하라.
저항에 저항으로 대항하려고 애쓰지 마라.

셰퍼드 코미나스, 『치유의 글쓰기』 중에서

해야 할 일을 하는 것은 분명 중요하지만, 일도 자신의 가치를 드러내고 자신이 행복해지기 위한 하나의 수단일 뿐, 일 자체가 인생의 목적은 아닙니다.

머릿속이 복잡하고 고민거리로 가슴이 무거울 때에는 일보다 마음의 안정을 다스리는 것이 우선입니다. 더군다나 집중력이 떨어진 상태에서는 일 또한 능률적으로 성과가 오르지 않습니다.

번뇌하는 마음을 우선 해결하세요. 일거리를 내려놓고 잠깐 동안이라도 휴식을 취하며 마음을 안정시키세요. 안정을 찾은 후에 다시 일을 해도 늦지 않을 것이니 편하게 마음을 놓고 휴식하세요.

나를 변화시키는 하루 확언
나는 걱정과 고민거리를 잔뜩 끌어안고 억지로 일하지 않는다.
나는 능률적으로 일할 수 있을 때까지 편히 휴식을 취한다.

아는 것을 실천하라

아는 것은 어려운 것이 아니다.
알고 있는 것을 실행하는 것이 어려운 것이다.

서경

　당신은 이미 많은 것을 알고 있습니다. 당신의 문제를 해결할 방법들도 이미 대부분 알고 있을 것입니다. 하지만 단순히 아는 것만으로는 충분하지 않습니다. 이를 실제 삶의 문제에 적용하고 실천으로 옮겨야만 진정으로 안다고 하는 것이 의미를 가집니다.

　자신이 알고 있는 것을 삶의 문제에 적용하고 스스로의 성장을 위해 적극적으로 실천하고 활용하세요. 지식이란 실천이 따를 때 그 가치를 드러내는 법입니다.

나를 변화시키는 하루 확언
나는 내가 알고 있는 것을 최대한 활용한다.
나는 나의 지식을 삶에 적극적으로 실천한다.

천재도 즐기는 사람은 이기지 못한다

나는 점점 더 좋아지고 있다

어떤 일에서든 의지와 상상이 부딪히면 항상 상상이 승리한다.
그것이 우리가 원하는 일이건 원치 않는 일이건 상관없다.

에밀 쿠에, 『자기 암시』 중에서

　자기 암시의 창시자인 에밀 쿠에는 자기 암시라는 방법을
사용하여 인간의 잠재의식을 원하는 모습으로 바꾸었습니다.
단순히 '나는 날마다 모든 면에서 점점 더 좋아지고 있다'를 매
일 반복함으로써 자아상을 건강하게 만들고 행복한 인생을 살
수 있다는 긍정적인 신념을 강화시켰던 것입니다.

　이 책에서 소개하는 '나를 변화시키는 하루 확언' 또한 자기
암시의 한 방법입니다. 자기 암시, 확언과 같은 방법들을 이용
해 말의 힘을 자기 발전을 위하여 적절히 활용하세요.

나를 변화시키는 하루 확언

'나는 날마다 모든 면에서 점점 더 좋아지고 있다.'라는 자기 암시
를 매일 20번 이상 반복해서 말해보세요.
매일 조금씩 나아지는 자신의 모습을 발견할 것입니다.

삶을 변화시키는 근본적인 원인

우리 세대의 가장 위대한 발견은,
인간이 자신의 마음가짐을 바꿈으로써
삶을 바꿀 수 있다는 사실을 발견한 것이다.

윌리엄 제임스

삶을 변화시키는 가장 근본적인 원인은 상황이나 환경이 아닌 우리의 태도에 있습니다. 삶에 대한 긍정적이고 열정적인 태도가 우리의 삶을 변화시키는 가장 강력한 힘입니다.

지금까지보다 좀 더 밝은 시선으로 세상을 바라보세요. 조금만 더 긍정적이고 진취적인 태도를 취하세요. 불신이 아닌 사랑이 가득한 눈으로 사람들을 바라보세요.

지금 우리의 마음가짐과 태도가 우리의 미래를 창조하는 원인이 된다는 것을 항상 기억하세요.

나를 변화시키는 하루 확언
나는 항상 긍정적이고 열정적인 태도로 살아간다.
나는 늘 사랑하는 마음으로 사람들을 대한다.

욕망을 절제하자

청년들이여, 욕망을 만족시키려는 것을 차라리 거절하라.
그렇다고 모든 욕망의 만족을 부정하는 스토아학파처럼 하라는 것은 아니다. 모든 욕망 앞에서 한 걸음 물러나
인생의 관능적인 욕망을 제거할 힘을 가지라는 것이다.

임마누엘 칸트

욕망의 힘은 강력합니다. 욕망은 모든 창조의 근원입니다. 무언가를 이루고자하는 욕망, 자신의 삶을 더 가치 있게 만들고자 하는 욕망이 없다면 누구도 꿈을 품지 않을 것입니다.

하지만 모든 욕망이 유익을 주는 것은 아닙니다. 정신적인 만족이 배제된 육체적 만족만을 위한 욕망은 반드시 절제되어야 합니다. 이러한 욕망들이 절제되지 않는다면 당신의 삶을 변화시킬 가치 있는 욕망들은 힘을 발휘하지 못하고 잠들어 버릴 것입니다. 당신의 삶을 변화시킬 만큼 가치 있는 욕망에 힘을 실어주세요.

나를 변화시키는 하루 확언
나는 불필요한 욕망은 절제한다.
나는 삶을 변화시킬 긍정적인 욕망에 힘을 실어준다.

인생을 바꾸는 두 가지 지렛대

성공의 비결은 고통과 즐거움을 활용하는 법을 배우는 것이다.
앤서니 라빈스, 『내 안에 잠든 거인을 깨워라』 중에서

인간은 누구나 고통은 피하려 하고 즐거움은 누리려고 합니다. 그렇지만 힘을 덜 들이고 손쉽게 무거운 물건을 옮기는 지렛대처럼 고통과 즐거움을 잘 활용한다면 좋지 않은 습관을 교정하는 일을 단기간에 해낼 수 있습니다.

담배를 끊고자 한다면 담배에 대한 다양한 부작용을 인지하고 담배를 피우고 싶을 때마다 자신에게 '내가 이 담배를 피운다면 어떤 대가를 치르게 될까?' 하고 스스로 자문하여 담배와 그로 인해 생길 수 있는 고통을 연관해 보세요. 또한 매일 운동하고자 하는 습관을 기르고 싶다면 운동이 당신에게 어떤 유익을 주는지를 먼저 인지하세요.

고통을 피하고 싶은 본능이 담배를 피하게 만들고, 건강을 누리고자 하는 본능이 운동을 하고 싶게 만드는 동기를 부여해 줄 것입니다.

나를 변화시키는 하루 확언
고통과 즐거움이라는 지렛대를 활용해 보세요.
기대 이상으로 즉각적인 변화를 경험할 수 있을 것입니다.

이해하고 싶다면 가르쳐라

어떤 투자 아이디어를 이해했다면 그것을 다른 사람들이 이해할 수 있
도록 설명할 수 있어야 한다.

워런 버핏

당신이 배운 지식을 완전히 자신의 것으로 만들게 되면 당
신의 머릿속에는 '스키마'라고 하는 지식의 구조가 형성됩니
다. 다시 말해서 당신이 새롭게 배운 지식이 기존의 지식과 융
합되어 이전과 다른 새로운 구조를 만들어야 새로 배운 지식이
완전히 자기의 지식이 되었다고 할 수 있습니다.

이러한 지식의 구조를 형성하는 가장 효과적인 방법 중의
하나가 자신이 배운 것을 다른 사람에게 가르치는 것입니다.
다른 사람에게 설명하는 과정 중에 기억과 이해의 수준이 올라
가게 되며, 당신도 알지 못하는 사이에 새로운 지식의 구조가
만들어질 것입니다.

나를 변화시키는 하루 확언
나는 새로운 지식을 배우기 위해 항상 노력한다.
나는 새롭게 배운 지식을 다른 사람에게 잘 설명하고 이해시
킨다.

다른 사람을 이해하자

남을 설득할 때, 가장 큰 실수는
자신의 생각과 감정을 표현하려고 애쓰는 것이다.
상대방이 진정 원하는 것은
자신을 이해하고 자신의 말을 들어주는 것이다.
당신이 상대방을 이해해 주는 순간
상대방도 당신의 관점을 이해하려고 노력하게 된다.

데이비드 번즈

상대방을 이해하는 능력은 정말 무엇과도 바꿀 수 없는 당신의 자산입니다.

상대방을 이해하는 능력은 직업이나 사업에서의 성공뿐만이 아니라 인격의 성장을 비롯한 삶의 모든 면에서 큰 도움이 됩니다. 상대방의 생각과 감정, 동기와 상황을 이해할 수 있을 때 비로소 서로 유익한 대화를 나눌 수 있습니다.

상대방의 관점을 당신이 이해할 때, 상대방은 비로소 당신에게 마음을 열어줍니다.

나를 변화시키는 하루 확언
나는 먼저 상대방의 생각과 그들의 입장을 이해하려고 노력한다.
나는 상대방에 대한 이해를 바탕으로 대화를 이끌어 나간다.

절망의 순간,
한 번 더 용기를 내어보자

힘겨운 상황에 처하고 모든 것이 장애로 느껴질 때,
단 1분조차도 더 버틸 수 없다고 느껴질 때,
그때야말로 결코 포기하지 마라.
바로 그런 시점과 위치에서 상황은 바뀌기 시작하니까.

해리엇 비처 스토우

절망의 순간, 이제 더 이상 해볼 수 있는 것이 아무 것도 없다고 생각되는 순간에 한 번만 더 용기를 내어 보세요. 일흔 번째 실패해도 일흔 한 번째에 성공할 수도 있습니다.

마지막이라고 생각될 때 조금만 더 힘을 내도록 자신을 격려하세요. 위기의 순간이 정점에 다다른 이후, 당신에게 승리의 순간이 점차 다가올 것입니다.

나를 변화시키는 하루 확언
시련과 절망이 깊어질수록 승리의 순간은 점점 더 가까이 다가온다. 마지막이라고 생각될 때 조금만 더 용기를 내자.

항상 준비하는 자세를 유지하라

돌발사태에 처했을 때, 내가 그 일을 망설임도 없이 즉시 해결해 버리는 것은 내가 훌륭한 사람이기 때문이 아니라, 평상시의 숙고와 반성의 결과이다.
나는 식사할 때나 오페라를 구경할 때도 늘 준비하고 생각한다.

보나파르트 나폴레옹

누구에게나 주어진 시간은 같습니다. 하지만 사람들 사이에 능력 차이가 나는 것은 시간에 대한 활용도가 다르기 때문입니다.

누군가는 길을 걷거나 버스를 타면서 아무 생각도 하지 않지만, 누군가는 그 시간에 문제를 해결할 방법을 찾아냅니다.

시간을 효율적으로 활용하고자 하는 마음이 있다면 늘 준비하는 자세를 가지세요.

나를 변화시키는 하루 확언
나는 항상 준비하는 자세를 유지한다.
나는 내게 주어진 모든 시간들을 효율적으로 활용한다.

인간은 고통 속에서 성장한다

"원두는 충분히 볶지 않으면 신맛이 나고, 너무 오래 볶으면 탄 맛이 나지.
사람은 볶기 전의 원두 같은 존재야.
저마다의 영혼에 나름의 고유한 향기를 품고 있지만
그것을 밖으로 끌어내기 위해서는 화학반응이 필요하지.
그래서 볶는 과정이 필요한 거야. 어울리면서 서로의 향을 발산하는 거지."

스텐 툴러, 『친구, 행운의 절반』 중에서

쉽고 편안한 환경에선 강한 인간이 만들어지지 않습니다.
시련과 고통의 경험을 통해서만 강인한 영혼이 탄생합니다.

어려운 문제를 해결하기 위해 고민할 때 넓은 시야와 핵심
을 꿰뚫는 통찰력이 생기고, 영감이 떠오릅니다. 고난과 역경
속에서 당신 안에 잠들어 있던 무한한 잠재력이 드러나기 시작
합니다.

인생의 시련과 역경들을 풍부한 향을 내기 위한 로스팅 과
정으로 받아들이세요. 고통스러운 시간이 흐른 후에는 누구와
도 닮지 않은 당신만의 고유한 맛과 향을 낼 수 있을 것입니다.

나를 변화시키는 하루 확언
지금의 역경과 시련은 나를 성장시키기 위한 과정일 뿐이다.
나는 고통스런 지금의 시간이 지나면 멋진 인격체로 변해 있을
것이다.

배우는 사람의 자세

학문의 길에는 왕도가 없다.
모르는 것이 있으면 길가는 사람에게라도 묻는 것이 옳고,
또한 하인이라도 나보다 하나라도 많이 깨우친 사람이라면
반드시 그에게 배워야만 한다.

연암 박지원

배우고자 하는 사람은 항상 적극적이어야 합니다. 모른다는 사실을 부끄러워하면 안 됩니다. 그 누구도 당신의 부족함을 스스로 찾아와 채워주지 않습니다. 모르는 것이 있다면 도움을 줄 수 있는 사람을 찾아가 배움을 청해야 합니다. 적극적으로 배우고자 하는 태도를 가지세요.

나를 변화시키는 하루 확언
나는 항상 부족한 면을 채우기 위해 노력한다.
나는 늘 적극적인 자세로 질문하고 성심으로 배움에 임한다.

묵묵히, 초연하게

홀로 자신의 일을 행하고 게으르지 말며,
비난과 칭찬에 흔들리지 마라.
소리에 놀라지 않는 사자처럼, 그물에 걸리지 않는 바람처럼,
진흙에 더럽히지 않는 연꽃처럼 무소의 뿔처럼 혼자서 가라

수타니파타

산은 바람에 흔들리지 않습니다. 슬기로운 사람은 칭찬에
우쭐대지 않고 비난에 마음이 흔들리지 않습니다.

행복이나 슬픔, 그 어떤 역경이 당신에게 닥치더라도 흔들
리지 않는 초연한 마음으로 당신의 길을 걸어가세요.

나를 변화시키는 하루 확언

나는 세찬 바람에도 초연하게 자리를 지키는 산처럼 역경에 흔들
리지 않는다.
나는 그 어떤 일 앞에서도 묵묵히, 초연하게 내 길을 간다.

일단 시작하라

믿고 첫걸음을 내딛어라.
계단의 처음과 끝을 다 보려고 하지 마라.
그냥 발을 내딛어라.

마틴 루터 킹

　사람들은 대개 미래의 상황을 예측할 수 없는 일에 대해서는 쉽게 움직이려 하지 않습니다. 특히 꿈을 향한 도전 앞에서 사람들은 자신을 보호할 수 있는 확실한 안전망이 없이는 앞을 향해 나아가길 망설입니다. 하지만 어느 누구도 자신의 앞날에 어떤 장애물이, 어떤 위험이 닥칠지 알 수 없습니다. 그것은 도전을 하지 않는다고 하더라도 마찬가지입니다. 꿈을 향한 도전을 하지 않는다고 해도 안정된 삶을 장담할 수 없는 것은 매 한가지입니다.

　미래에 대한 불확실성은 무엇을 선택하든 항상 따라다니는 일입니다. 모든 것을 다 알려고 하지 마세요. 그보다 먼저 행복한 결과를 상상하며 믿음을 가지고 희망에 찬 걸음을 용기 있게 내딛으세요.

나를 변화시키는 하루 확언
미래의 일을 지금 모두 이해할 필요는 없다.
나는 오직 희망에 찬 발걸음으로 내 길을 간다.

사람들과 행복한 시간을 보내자

지금 이 순간 당신 주변의 사람들을 떠올려 보세요.
그들이 얼마나 소중하고 또 나는 그들을 얼마나 아끼고 사랑하는지
그리고 그들에게 얼마나 많은 마음의 빚을 갖고 있는지를.
사랑만 하기에도 모자란 시간에 작고 사소한 일 때문에, 혹은 알량한 자
존심 때문에 서로 다투고 고함치며 서로 미워하기라도 하는 것처럼 갈
등했던 그 순간들을요.

에릭 블루멘탈, 『1% 더 행복해 지는 마음 사용법』 중에서

사소한 일로 소중한 사람과 다투지는 않았나요?

사실 생각해 보면 정말 별것도 아닌 일 때문에 왜 그리 예민
하게 굴었는지 후회되었던 적은 없나요?

굳이 그렇게까지 말할 필요는 없었는데 너무 심하게 말한
것 같아 미안했던 적이 있지 않나요?

서로 아껴 주고 사랑하기에도 모자란 데 왜 항상 싸우기만
했는지 답답한 적은 없었나요?

만일 그렇다면 그 사람에게 먼저 다가가세요. 그리고 당신
이 먼저 "미안하다." 말하고 "사랑한다."고 말해주세요. 소중한
사람들과 다시 예전처럼 행복한 시간들을 회복하세요.

나를 변화시키는 하루 확언
사소한 일로 다투거나 사이가 틀어진 사람이 있다면,
오늘 먼저 연락해 보세요. 분명 당신을 반길 것입니다.

자신의 발전 가능성을 믿어라

내게 주어진 일을 어느 누구보다 성실하게 스스로에게 부끄럽지 않게
해낼 거야. 그것이 진짜 내 모습이야.
                                이나모리 가즈오, 『왜, 일하는가?』 중에서

'성장마인드 세트'와 '고착마인드 세트'라는 말이 있습니다.
성장마인드 세트는 인간은 끊임없이 성장하고 발전한다는 것
을 전제로 하며, 고착마인드 세트는 인간의 발전 가능성은 희
박하며 타고난 능력이 전부라는 생각을 전제로 하는 사고방식
입니다.

당신은 반드시 성장마인드 세트를 마음속에 지녀야 합니다.
당신이 스스로 자신의 성장 가능성을 믿는다면 당신의 앞을 가
로막는 장애물이 당신의 성장을 위한 발판에 불과하다는 것을
깨달을 수 있을 것입니다.

나를 변화시키는 하루 확언
모든 장애물은 나를 성장시키는 도구에 불과하다.
나는 끊임없이 성장하고 발전한다.

부정적인 일도 기회로 만들자

두려움이 아닌 희망과 자신의 꿈에 대한 희망을 믿어라.
좌절에 대해 생각하기보다 채워지지 못한 너의 잠재력에 대해 생각하라. 시도했다가 실패한 일이 아닌 여전히 가능성이 있는 일에 집중하라.
교황 요한 23세

모든 일에는 양면성이 있습니다. 가장 좋고 유리하다고 생각되는 일도 칼날 쪽을 잡으면 고통이 되고 반대로 불리하다고 생각되는 일도 손잡이를 잡으면 방패가 됩니다. 매사를 불리하다고 생각하며 걱정하고 근심하지 마세요.

자신에게 유리한 쪽을 바라보고 부정적인 일들을 성장을 위한 기회로 삼으세요.

나를 변화시키는 하루 확언
나는 나에게 불리한 쪽이 아닌 유리한 쪽을 바라본다.
나는 부정적인 일들도 성장을 위한 기회로 만들어 낸다.

불필요한 것들을 비워내자

우리 마음은 까마귀와 같다.
반짝이는 것은 무엇이든 주워 모은다.
그 쇳조각들로 인해
둥지가 얼마나 불편해지는지 따위는 생각하지 않는다.

토머스 머튼

당신에게서 불필요한 기억과 감정들을 비워내세요. 모든 정리의 기본은 불필요한 것들을 제거하는 것입니다. 무의미하고 필요 없는 것들을 제거하고 당신에게 긍정적인 에너지를 주고 행복한 감정을 불어넣어 주는 것만을 남겨두세요.

당신의 행복을 위해서 당신을 어지럽혔던 일들을 깨끗하게 정리하고 청소하세요.

나를 변화시키는 하루 확언
나는 불필요한 감정과 기억은 마음에서 제거했다.
내 마음은 이전보다 한결 가볍다.

나이는 한계가 아니다

나이가 든다는 것은 등산하는 것과 같다.
우리는 등산할 때 이 바위에서 저 바위로 오른다.
산을 오르면 오를수록 지치고 숨은 차지만, 시야는 점점 넓어진다.

잉마르 베리만

나이는 숫자가 불과하다라는 말도 있지만 정말 나이는 숫자에 불과합니다. 대개 공부에는 때가 있다고들 생각하여 나이가 들면 더 이상 무언가 새로운 것을 습득하기 어렵다고들 하지만 실제는 이와 다릅니다. 나이가 들수록 많은 경험을 하기 때문에 사고하는 수준이나 어휘력의 수준이 높아지게 됩니다. 때문에 예전에는 이해하지 못했던 것을 이해할 수 있게 되기도 하고 창의적이고 폭넓은 시야로 상황을 더 현명하게 판단할 수 있게 됩니다.

나이가 든다는 것은 한계가 생기는 것이 아니라 이전에 없었던 높은 수준의 다른 재능을 갖게 되는 것입니다.

나를 변화시키는 하루 확언
나이는 한계가 아니다.
나이를 먹는다는 것은 새로운 재능을 발견하는 것이다.

꿈 앞에서 대담하라

우리가 세운 목적이 그른 것이라면 언제든지 실패할 것이요.
우리가 세운 목적이 옳은 것이라면 언제든지 성공할 것이다.

도산 안창호

우리는 사람 앞에서는 겸손하되, 꿈과 목표 앞에서는 담대해야 합니다. 목표 앞에서 '과연 내가 꿈을 이룰 수 있을까'라며 끊임없이 자신을 의심하며 망설이고 있어서는 한 발자국도 앞으로 나갈 수 없습니다. 아무리 높은 꿈도 그것을 이루고 나면 그저 일상의 현실일 뿐입니다.

꿈 앞에서 작아지지 마세요. 꿈 앞에서 대담해 지세요. 그것이 힘들다면 차라리 오만하세요. 그리고 당당히 당신의 꿈에게 명령하세요. "너는 내 것이고 내가 이루기로 선택했으니 내 앞에서 고개를 조아리고 명령에 따르라"고 말입니다.

당신의 꿈은 우렁찬 당신의 명령에 꼼짝없이 따를 것입니다.

나를 변화시키는 하루 확언
나는 내 꿈의 주인이다. 나는 꿈 앞에서 담대하다.
나는 무엇이든 할 수 있다. 내가 이루지 못할 꿈은 없다.

예상을 뛰어넘는 즐거움

인생에서 가장 멋진 일은
많은 사람들이 해내지 못할 거라고 예상한 일을
자신이 해내는 것이다.

월터 배저홋

불가능해 보이는 일은 불가능하게 보이기 때문에 성취할 가치가 있는 것입니다. 충분히 가능한 일을 해내는 것, 누가 보아도 할 수 있을 것 같은 쉬운 일을 이루어 내는 것에는 큰 즐거움이 없습니다.

불가능해 보이는 일을 해내는 것, 한계를 뛰어넘는 것, 사람들의 우려와 예상을 넘어서는 그 일이야말로 정말 짜릿한 즐거움이 있습니다.

나를 변화시키는 하루 확언
나는 사람들의 우려와 예상을 뛰어넘는다.
나는 불가능하다고 생각되는 일을 성취한다.

마음을 지켜라

모든 지킬 만한 것 중에 더욱 네 마음을 지켜라.
생명의 근원이 이에서 남이니라.

잠언 4장 23절

모든 외부적인 상황의 원인은 우리 마음에 있습니다. 당신은 그 무엇보다 먼저 자신의 마음을 지켜야 합니다.

우리의 마음은 긍정적인 생각과 믿음으로 가득 차 있다가도 고작 몇 분 만에 다시 두려움과 부정적인 생각에 흔들리기도 합니다.

마음은 모든 것의 근원입니다. 흔들리기 쉬운 당신의 마음을 지키세요.

나를 변화시키는 하루 확언
나는 흔들리기 쉬운 내 마음을 굳건히 지킨다.
나는 어떤 시련이 닥쳐도 내 믿음은 반드시 지켜낸다.

걱정 속에서 일하지 마라

생활이 걱정이 되어 부지런히 일하는 것은 미덕이지만
자신의 몸이 지치도록 일에 매달리면
본성을 거스르게 되고 마음도 즐겁지 못하게 된다.

『채근담』 중에서

일을 할 때에는 항상 기쁘고 즐거운 마음으로 해야 합니다. 걱정과 근심이 가득 찬 상태에서 일을 한다면 어떤 것도 제대로 할 수 없을 것입니다.

자신의 몸을 돌보지 않고 일을 한다면 몸과 마음 모두 정상적인 상태를 유지하기가 어렵게 됩니다. 정상적이지 않은 상태의 몸과 마음으로 하는 일은 결국 좋은 결과를 낼 수 없습니다. 일을 제대로 하고자 한다면 우선 편하게 휴식을 취하고 마음을 평온하게 다스리세요.

나를 변화시키는 하루 확언
나는 어떤 일을 하든 기쁘고 즐거운 마음으로 일한다.
나는 항상 적당한 휴식과 긍정적인 마음 상태를 유지한다.

현재를 즐겨라

이 세상이 끝나는 날,
우리들을 위해 신께서 무엇을 준비해 두었는지 알려고 하지 말라.
우리들은 그것을 알 수 없기에
그 어떠한 상황이 닥치더라도 용감하게 맞서야 한다.
짧기만 한 우리네 인생, 머나먼 희망은 접어두어야 한다.
우리가 이렇게 말을 하고 있는 동안에도
시간은 우리를 시샘하여 말없이 흘러가버리니
내일이면 늦으리.
오, 카르페디엠

호라티우스

현재를 즐기세요. 당신의 인생에서 다시 오지 않을 오늘을 즐기세요. 내일 일은 내일 염려하세요. 당신이 염려함으로써 당신의 걱정거리를 해결할 수 있습니까?

당신은 그저 신이 주신 오늘을 맘껏 누리세요. 그것이 지금, 우리가 할 일입니다.

나를 변화시키는 하루 확언
오늘을 즐기자.
다시 오지 않을 지금 이 순간을 즐기자.

긴 호흡으로 인생을 바라보자

많은 청춘들이 힘겨워한다.
그래서 이 시기를 조금이라도 빨리 벗어나고자 마음이 조급해진다.
무언가 이루어 내야 한다는 강박에 휩쓸린 탓에
잠시 숨을 고르기 위해 멈춰서는 것조차 불안해하며,
정작 자신의 무한한 가능성은 깨닫지 못한다.

김난도, 『아프니까 청춘이다』 중에서

지금 당장 현재의 고통에서 벗어나기 위해서 아무런 고민 없이 인생의 방향을 선택한다면 반드시 가까운 미래에 후회하게 될 것입니다. 지금은 원하는 것을 얻었다고 할지라도 행복하지 않은 결말을 맞이하게 될 것입니다.

긴 호흡으로 인생을 바라보세요. 지금의 고통을 잠시 벗어나기 위해 섣부른 판단을 내리지 마세요.

10년, 20년 후를 바라보고 신중하게 인생의 방향을 선택하세요.

나를 변화시키는 하루 확언
나는 후회하게 될 섣부른 선택을 하지 않는다.
나는 신중히 생각하여 나의 인생 방향을 선택한다.

아무런 저항이 없을 때가
가장 위험하다

반대자를 두려워하지 마라.
연은 바람을 거슬러서 솟아오른다.

해밀톤 메이비

누구의 반대도 없이 순조롭게 모든 일이 진행될 때야말로 세심한 주의가 필요합니다. 세상의 어떤 계획도 완벽한 것은 없습니다. 때문에 비판적인 시각을 가진 사람이 전혀 없으면 문제점을 찾아낼 수가 없습니다. 적절하게 반대하고 계획의 허점을 찾아내 주는 사람은 일시적으로는 장애물처럼 생각할 수 있겠지만 장기적으로는 도움이 되는 사람입니다.

반대자들을 두려워하지 마세요. 그들은 우리가 보지 못한 부분을 보게 해주고 우리의 계획을 보완해줄 소중한 사람들입니다. 그들의 지혜와 안목이 목표를 성취하는 일에 분명 도움이 될 것입니다.

나를 변화시키는 하루 확언
나는 나의 의견에 반대하는 사람들의 의견을 진심으로 받아들인다. 나는 반대의견을 포용하여 나의 계획에 반영한다.

가장 쉬운 일부터 시작하라

어떤 돌이 전혀 움직이지 않고 도저히 손을 쓸 방도가 없다면
먼저 주변의 돌부터 움직여라

루트비히 비트겐슈타인

높은 목표를 성취하려고 하거나 어려운 문제를 해결하고자 할 때 우리는 무엇부터 시작해야 할지 난감할 경우가 있습니다. 창대한 목표와 해결해야할 문제들 앞에서 마치 거대한 산을 마주하고 있는 것 같은 기분이 들기도 합니다. 하지만 아무리 높은 산이라도 한 걸음 한 걸음이 쌓이면 결국 정복될 수밖에 없습니다. 지금 당신이 할 수 있는 가장 쉬운 것부터 시작하세요. 당신이 할 수 있는, 한 걸음을 먼저 옮기세요.

일단 시작하면 그 다음 해야 할 일은 자연스럽게 알게 될 것입니다.

나를 변화시키는 하루 확언
나는 어떤 문제 앞에서도 당황하지 않는다.
나는 내가 할 수 있는 일부터 시작하여 단계적으로 문제를 해결해 나간다.

목표를 바라보라

괴로워하거나 불평하지 말라.
사소한 불평은 눈을 감아버려라.
어떤 의미에서는 인생의 큰 불행까지도 감수하고
목적만을 향하여 똑바로 전진하라.

빈센트 반 고흐

어떤 목표도 좌절과 방해를 겪지 않고 이루어지는 법은 없습니다. 그 무엇도 아무런 장애물 없이 직선으로 움직이지 않습니다. 장애물을 보고 불평을 쏟기보다 이루고자 하는 목표를 바라보세요. 눈이 가는 곳에 마음이 따라가는 법입니다. 장애물이 보이는 것은 목표에서 눈을 돌렸기 때문입니다.

아무리 강한 사람이라도 힘을 여러 곳에 분산하면 어떤 것도 성취할 수 없습니다. 비록 약한 사람이라도 단 하나의 목적에 자신의 온 힘을 집중함으로써 장애물을 극복하고 목표를 성취할 수 있습니다. 당신의 시선을 장애물이 아닌 목표에 고정하세요.

나를 변화시키는 하루 확언
나는 장애물에 흔들리지 않는다.
나는 시선을 오직 목표에만 단단히 고정한다.

크로노스, 카이로스, 플레루

하늘 아래 모든 일에는 시기가 있고,
모든 목적한 것에는 때가 있도다.
날 때가 있고, 죽을 때가 있으며,
심을 때가 있고, 심은 것을 수확할 때가 있다.

전도서 3장 1~2절

　당신이 목표를 가진 순간 그것은 아이를 잉태한 산모와 같습니다. 10달 동안 묵묵히 아이를 태에 안고 있어야 하는 산모처럼 당신 역시 긴 시간 동안 변화 없는 지루한 시간들을 매일 정성을 다하며 기다려야 합니다. 이러한 일상적인 시간의 흐름을 '크로노스'라고 합니다.

　크로노스를 잘 기다린 사람에게는 변화의 시기가 찾아옵니다. 출산을 위한 고통이 찾아오는 산모의 진통처럼 말입니다. 진통의 시간은 고통의 시간이자 변화의 시간입니다. 하지만 10달을 기다린 아기를 무사히 출산하기 위해서는 반드시 거쳐야만 하는 시간입니다. 변화와 고통의 시간, 이 시간을 '카이로스'라고 합니다.

　지루한 기다림의 크로노스, 변화와 고통의 카이로스, 목표를 성취하고자 하는 사람은 반드시 이 시간들을 이겨내야 합니다. 그리고 이 시간을 이겨낸 사람들에게는 예외 없이 결실의 시기인 '플레루'가 찾아옵니다.

당신은 지금, 어느 시기를 지나고 있나요?

지루하고 고통스럽나요?

결코 꿈이 이루어질 것 같지 않나요?

지루함과 고통의 시간을 두려워하지 마세요. 지금 당신은 반드시 거쳐야하는 과정을 지나고 있을 뿐입니다. 당신은 잘 못되지 않았습니다. 당신은 지금 올바른 길을 걸어가고 있습니다.

크로노스와 카이로스의 시기가 지나면 반드시 당신을 기다리는 결실의 때인, 프레루의 시간이 찾아올 것입니다.

나를 변화시키는 하루 확언

나는 지금 당연히 지나가야 하는 고통의 과정을 견디고 있을 뿐이다.

기다림과 고통의 끝에 반드시 내가 원하는 일들이 성취될 것이다.

문제 앞에서 도망가지 마라

오늘 회피한다고 해서 내일 그 일에 대한
책임을 피할 수는 없을 것이다.

에이브러햄 링컨

지금 하기 싫은 두려운 일에 대하여, 당장 고통스러운 그 일을 피하는 가장 쉬운 방법 중 하나는 이런저런 이유를 대면서 미루는 것입니다. 하지만 미룰수록 결국 더 큰 고통을 떠안을 뿐입니다. 책임져야할 일이 있다면 회피하거나 도망친다고 해서 그 일이 없어지는 것도, 책임이 사라지는 것도 아닙니다. 시간이 흐를수록 지금껏 쌓아온 신뢰마저 잃을 수 있습니다.

모든 문제는 최대한 빠른 시간 안에 해결하려고 노력하는 것이 가장 현명한 방법입니다.

나를 변화시키는 하루 확언
나는 내가 해야 할 일을 피하지 않는다.
나는 내가 책임져야 할 일은 끝까지 책임진다.

자신만의 행복을 추구하라

사람들은 자기가 행복해지는 것보다
남에게 행복하게 보이려고 더 애를 쓴다.
남에게 행복하게 보이려고 애쓰지만 않는다면,
자기 자신에게 만족하기란 그리 힘든 일이 아니다.
남에게 행복하게 보이려는 허영심 때문에
자기 앞에 있는 진짜 행복을 놓치는 수가 많다.

프랑수아 드 라로슈퓨코

행복을 느끼는 것이 자신이듯이 행복의 기준 또한 자신의 것이어야 합니다. 하지만 종종 우리들은 주위 사람들의 기준에 자신을 맞추려고 무리한 일을 하기도 합니다. 다른 사람들이 가진 것과 다른 사람들이 누리는 것들을 자신도 소유하고 누려야만 행복할 수 있다면 당신은 결코 행복해 질 수 없을 것입니다.

당신이 생각하는 행복의 기준이 다른 사람과 같을 필요는 없습니다. 당신은 당신의 기준으로 살아가세요. 다른 사람들이 무엇에 행복을 느끼든 그것은 당신과는 아무런 관련이 없습니다. 당신의 행복은 오롯이 당신만의 것입니다.

나를 변화시키는 하루 확언
나의 행복의 기준은 나다.
나는 내가 정한 기준에 맞추어 나만의 행복을 창조해 나간다.

생각을 관리하라

새가 머리 위를 지나가는 것을 막을 수는 없다.
그러나 머리 위에 집을 짓는 것은 막을 수 있다.
나쁜 생각이란 마치 머리 위를 지나가는 새와 같아서 막아낼 도리가 없다.
그러나 그 나쁜 생각이 머리 한가운데 자리를 틀고 들어앉지 못하게
막을 힘은 누구에게나 있다.

마틴 루터

　자신의 생각을 주의 깊게 관찰하세요. 자신이 어떤 생각을 하고 있는지, 어떤 생각에 깊이 빠져들고 있는지 감시하세요. 적극적으로 당신이 하는 생각을 관리하세요. 생각 속에 당신을 포함한 주위의 환경과 상황을 만들어내는 강력한 창조력이 있다는 것을 늘 염두에 두세요.

나를 변화시키는 하루 확언
나는 항상 내가 하는 생각을 감시한다.
나는 적극적으로 내 생각을 관리하고 긍정적인 생각을 유지한다.

문명의 중독에서 벗어나라

소중한 것을 깨닫는 장소는 컴퓨터 앞이 아니라
언제나 새파란 하늘 아래였다

다가하시 아유무

모든 문명의 이기들은 모두 인간을 위해서 만들어졌습니다.
인간의 육체를 편하게 하고 인간에게 즐거움을 주기 위해 만들
어졌지요. 하지만 언제부턴가 인간은 일에서부터 좀 더 자유
롭고자, 편하고자 만들어 놓은 그러한 도구들에게 스스로 속박
당하기 시작했습니다.

문명의 중독에서 벗어나세요. 현대 문명의 모든 것들은 인
간 삶의 유용함을 위한 도구에 불과할 뿐입니다. 컴퓨터로
처리할 일을 한 후에는, 하늘을 바라보며 기지개를 활짝 펴보
세요.

나를 변화시키는 하루 확언
모든 문명의 이기들은 도구에 불과하다.
나는 도구들에 의해 진정한 인생의 즐거움을 놓치지 않을 것이다.

다른 사람의 장점을 본받자

세 명이 함께 길을 간다면 거기에는 반드시 나의 스승이 있다.
그들의 좋은 점은 배우고,
나쁜 점에선 나 자신을 고치는 것이다.

공자

　　누군가를 미워한다면 그것을 해결하는 간단한 방법이 있습니다. 그것은 그의 장점을 발견하는 것입니다.

　　누구라도 그 사람만의 장점이 있을 것입니다. 다른 사람들을 유심히 관찰하여 나에게 적용해서 본받아야할 장점을 찾아 보세요. 당신이 싫어하는 사람들에게서도 반드시 좋은 장점을 찾을 수 있을 것입니다.

　　그들의 좋은 점을 찾아 배워 보세요. 분명 당신의 성장에 도움이 될 뿐만 아니라 그들과의 인간관계 또한 좋아질 것입니다.

나를 변화시키는 하루 확언
나는 다른 사람의 장점을 찾아서 본받는다.
나는 다른 사람들의 장점을 배우며 그들과 친밀한 인간관계를 맺는다.

현실 직시

현실을 있는 그대로 받아들이고
객관적으로 처리하는 것이 가장 유익하다.

윌리엄 셰익스피어

　행복한 삶을 살기 위해서는 현실을 있는 그대로 볼 줄 아는
지혜가 필요합니다. 현실을 왜곡하거나 과장해서는 안 됩니
다. 지나치게 부정적인 측면만을 과장하거나 반대로 필요 이
상으로 모든 것을 긍정적으로만 받아들이는 것은 곤란합니다.

　부족한 것은 부족한 대로, 넘치는 것은 넘치는 대로 사실적
으로 바라보아야 합니다. 모든 변화의 가능성을 열어두되 보
이는 그대로, 있는 그대로 정확하게 현실을 직시해야 합니다.
현실을 객관적으로 바라볼 수 있을 때 정확하고 지혜로운 판단
을 할 수 있습니다.

나를 변화시키는 하루 확언
나는 현실을 왜곡하거나 과장하지 않는다.
나는 현실을 객관적으로 직시하여 지혜롭게 판단한다.

벅찬 감동을 창조하라

사람이 무언가 결심할 때 필요한 것은 눈앞에 보이는 현실이 아니다.
사람은 현실보다 영혼을 만족시키는 감정에 더 의지한다.

로버트 기스 리비트

사람들은 대개 자신이 이성에 따라 판단하고 결정한다고 생각하지만 사실 인간의 결정에 가장 큰 영향력을 미치는 것은 감정입니다. 때문에 감정을 적절히 이용할 수 있다면 어려운 결단도 비교적 쉽게 내릴 수 있습니다.

결단을 내리기 힘들 때에는 당신의 선택이 최상의 결과를 만들었을 때 어떤 즐거움과 감동이 있을지를 상상해보세요. 실패에 대한 두려움이 아닌 성공에 대한 즐거움에 당신의 선택을 연결하세요. 즐거움과 감동이라는 긍정적인 감정을 충분히 활용한다면 이전보다 쉽게 결단을 내릴 수 있을 것입니다.

나를 변화시키는 하루 확언
그동안 결정하기 어려웠던 선택이 있다면
당신의 선택이 최고의 결과를 만들어 내는 장면을 상상하고
그에 따르는 감정들을 결단을 내리는 일에 활용하세요.

가능한 빨리 많이 실패하라

많이 넘어져 본 사람일수록 쉽게 일어선다.
반대로 넘어지지 않을 방법만을 배우면 결국엔 일어서는 방법을 모르게
된다.
자주 넘어지는 사람은 '나는 일어서기의 명수'라는 자부심을 가져라.
그것이 인생을 즐겁게 사는 비결이다.

시이토 시케타

당신이 어떤 목표를 가졌든 그것을 성취하기 위하여 노력하는 과정 중에는 넘어지고 깨어지는 일은 당연한 수순입니다. 어느 누구도 시행착오를 거치지 않고 원하는 것을 얻을 수는 없습니다. 어차피 넘어지고 깨어져야 극복할 수 있는 일이라면 피하기보다는 차라리 당당하게 겪으세요. 가능한 시도해 볼 수 있는 모든 실패를 경험하세요. 많이 넘어질수록 일어나는 속도 또한 빨라질 것입니다. 실패한 후, 더 빨리 일어날수록 성취의 가속도가 붙을 것입니다. 두려움을 떨쳐내고 과감히 실패 속으로 몸을 던지세요.

나를 변화시키는 하루 확언
성취의 과정에서 시행착오는 당연한 것이다.
나는 일어서는 법을 배워 어떤 어려움도 이겨낼 것이다.

적극적으로 협력하라

팀워크란 공통된 비전을 향해서 함께 일하는 능력이요,
각자의 개별적 성취를 조직적 목표로 향하게 하는 능력이다.
그것은 평범한 사람들이 비범한 결과에 도달하게 하는 연료다.

앤드류 카네기

당신에게 도움을 줄 수 있는 사람 혹은 당신이 속해 있는 팀
원들과 적극적으로 협력하세요.

홀로 위대한 꿈을 이룰 수 있는 사람은 없습니다. 다른 사람
들과의 활발한 상호작용을 통해서만이 많은 사람들의 칭송을
받는 위대한 일을 이룰 수 있습니다.

나를 변화시키는 하루 확언
나는 도움을 줄 수 있는 사람들과 적극적으로 협력한다.
나는 다른 사람들과의 협력으로 높은 수준의 목표들을 성취한다.

자투리 시간을 활용하자

30분이란 티끌과 같은 시간이라고 말하지 말고
그 동안이라도 티끌과 같은 일을 처리하는 것이 현명한 방법이다.

요한 볼프강폰 괴테

우리가 처리해야 할 문제들 가운데는 시간이 많이 소요되는 것도 있지만, 짧은 시간만 투자하여도 충분히 해결할 수 있는 사소한 일들도 있습니다. 하지만 사소한 일들을 귀찮다는 이유로 해결하지 않고 쌓아놓기만 하고 후에 그것을 한꺼번에 처리하려고 한다면 매우 많은 노력과 시간이 소요될 것입니다.

자투리 시간을 효과적으로 활용해 보세요. 사소한 문제들을 자투리 시간을 활용하여 해결해 보세요. 의미 없이 흩어져 버릴지도 모르는 짧은 시간들을 잘 활용한다면 나중에 어려운 문제를 해결할 때에는 충분한 여유를 가지고 일할 수 있을 것입니다.

나를 변화시키는 하루 확언
나는 자투리 시간을 적절히 효과적으로 활용한다.
나는 사소한 일들은 뒤로 미루지 않고 바로 처리해 버린다.

스스로 자신을 격려하라

절대 포기하지 마라. 당신이 원하는 그런 사람이 되고 싶다면,
그에 대한 자부심을 갖고 스스로에게 기회를 주라.
당신 스스로 자신이 부족하다고 생각하지 말라.
그런 마음가짐으로는 아무것도 얻을 수 없다.
목표를 높이 세우고 살아야 한다.

마이크 맥라렌

목표를 정하고 계획을 세울 때에는 자신에게 줄 보상도 함께 기획하세요. 당신이 누구보다 아끼고 사랑해야 할 사람은 자기 자신입니다. 목표를 달성하기 위해 수고하고 어려운 장애물들을 이겨낸 자신을 위한 포상을 푸짐하게 준비하세요. 당신이 얼마나 많은 역경들을 이겨냈는지, 얼마나 많은 노력을 아끼지 않았는지를 가장 잘 아는 사람은 바로 당신 자신이니까요. 누구보다 자신을 칭찬하고 격려하며 스스로를 자랑스러워하고 대견하게 여기세요.

당신은 보상을 받을 만한 충분한 가치가 있는 사람입니다.

나를 변화시키는 하루 확언
나는 나 자신이 자랑스럽다.
나는 그 동안 수고하고 땀 흘린 나 자신에게 충분한 보상을 할 것이다.

삶의 의미를 찾아라

왜 살아야 하는지를 아는 자는,
어떠한 상황도 견뎌낼 수 있다.

프리드리히 니체

정신과 의사인 빅토르 프랭클은 참혹한 나치 수용소에 갇히게 됩니다. 그리고 인간이 극한 상황에서 어떻게 반응하는지를 관찰하고 자신이 경험한 실화를 바탕으로『죽음의 수용소에서』라는 책을 집필합니다.

그는 이 책에서 다음과 같이 말합니다.

'미래에 대한 기대를 상실하고 삶의 의미를 잃어버린 사람은 육체가 죽기 전에 이미 정신적으로 죽게 된다.'

당신의 삶의 의미는 무엇입니까?

당신은 미래에 대한 어떤 기대를 갖고 살아가고 있습니까?

나를 변화시키는 하루 확언
나의 삶의 의미는 확고하다.
나는 세상에 도움이 되는 유익한 사람이 될 것이다.

페이스를 조절하라

험한 언덕을 오르려면,
처음에는 천천히 걸어야 한다.

윌리엄 셰익스피어

　인생이라는 긴 여정이 조급증을 낸다고 빨리 끝나는 것이
아니듯이 목표를 성취하는 과정 또한 마찬가지입니다. 목표를
향한 뜨거운 열정과 의지를 갖는 것은 좋은 현상이지만 급한
마음에 조급증을 내고 재촉한다고 해서 목표가 빨리 성취되는
것은 아닙니다.

　목표를 성취하는 과정은 그야말로 고난과 역경으로 가득 찬
험난한 길입니다. 처음부터 너무 들떠서 마치 금방이라도 꿈이
이루어질 것처럼 생각하고 무리한다면 이내 지쳐버릴 것입니
다. 장거리 경주를 한다는 생각으로 페이스를 조절하십시오.

　한 걸음 한 걸음 호흡을 고르며 자신의 수준에 맞는 속도로
달리세요.

나를 변화시키는 하루 확언
나는 페이스를 조절할 줄 아는 지혜를 가졌다.
나는 목표를 향해 천천히 한걸음씩 적당한 속도로 걸어간다.

약간 모자란 듯 먹을 때가
가장 맛있다

모든 일에 여분을 남겨둔다면
하늘도 나를 시기하지 않을 것이며, 귀신도 나를 해하지 않는다.
모든 일에서 완전한 만족을 구하고 공로 또한 완전하길 바란다면
시기하는 사람이 생기거나 반드시 근심을 부르게 된다.

『채근담』 중에서

지나치게 완벽한 만족을 추구한다면 반드시 문제가 생깁니다. 아무리 맛있는 음식이라 하더라도 배를 꽉 채울 때까지 먹게 되면 체하기 쉬운 법입니다. 음식도 약간 모자란 듯이 먹을 때가 가장 아쉽고 맛있는 것처럼 인생도 약간 모자란 듯, 조금은 아쉬운 듯이 만족을 얻었을 때가 가장 평안한 최선의 결과를 맞이할 수 있습니다.

나를 변화시키는 하루 확언
나는 조금 모자란 듯, 약간은 아쉬운 때가
최선의 때임을 깨닫고 멈춘다.

규칙적으로 운동하라

운동은 하루를 짧게 하지만
인생을 길게 해준다.

조스린

현대인들은 극심한 경쟁과 긴장 속에서 살아갑니다. 때문에 정신적 압박감과 스트레스에 노출되기 쉽습니다. 사람의 몸은 스트레스를 받으면 이에 대항하기 위해 '코티솔'이라는 호르몬을 생성합니다. 하지만 과도한 스트레스는 코티솔의 분비 균형을 무너뜨려 필요 이상의 코티솔을 생산하게 합니다. 과도하게 생성된 코티솔은 식욕을 증가시키고 신체의 활력을 무너뜨려 비만이나 당뇨 등 성인병을 일으키는 요인이 됩니다.

영혼을 위해 기도하듯이 건강을 위해 규칙적으로 운동하세요. 운동은 신체뿐 아니라 정신도 건강하게 합니다. 건강한 육체에 건전한 정신이 깃든다는 말은 진리입니다.

나를 변화시키는 하루 확언
나는 운동하는 것이 즐겁다.
나는 매일 규칙적으로 운동하여 몸과 마음의 건강을 지킨다.

힘들 땐 참지 말고 울어버려라

"성급한 자가 그 화를 풀고, 사나운 자가 그 원망을 풀려면
실컷 우는 것보다 빠른 길은 없다네."

연암 박지원

웃음이 얼굴을 비추는 빛이라면 눈물은 영혼을 닦아내는 물입니다. 눈물은 마음의 울분과 슬픔을 씻어내는 특효약입니다. 정말 가슴이 너무 답답하고 분노와 아픔이 참을 수 없을 만큼 괴로울 때에는 그냥 울어버리세요. 가슴 속의 아픔을, 슬픔을 참지 마세요. 그냥 실컷 목 놓아 울어버리세요.

그리고 난 후에는 웃을 수 있을 것입니다.

나를 변화시키는 하루 확언
나는 나의 감정에 스스로 솔직하게 대한다.
힘들고 슬픈 감정이 너무 커서 참을 수 없을 땐 차라리 울어 버린다.

자신을 위해 살아라

타인의 비위를 맞추기 위해 자신의 내면이 아닌, 바깥을 내다본다면
그것은 자신의 인생 계획을 상실한 것이다.

에픽테토스

다른 사람의 기대에 부응하기 위해 노력하는 것은 칭찬받을
만한 일입니다. 하지만 그것이 인생의 전부가 되어서는 안 됩
니다.

다른 사람의 기준에 맞추기 위해 필요 이상으로 자신을 희
생시키지 마십시오. 물론 어느 정도 양보는 할 수 있겠지만 자
신의 인생에 중대한 영향력을 끼치는 일까지 양보하는 것은 어
리석은 일입니다. 인생은 온전히 자신만의 것입니다.

그 누구도 아닌 자기 자신을 위해 사십시오.

나를 변화시키는 하루 확언
내 인생의 주인은 나다. 나는 나 자신을 위해 살아간다.
내가 나가야 할 방향과 내가 원하는 삶의 모습은 내가 정한다.

불필요한 물건들을 버리자

삶에서 잡동사니를 제거하라.
주변에 고통스러운 기억을 불러일으키는 대상이 있다면 결별하라.
아름다우면서도 동시에 고통스러움을 유발하는 것이 있다면
가능한 한, 그것과도 결별하라.

뤼디거 샤헤, 『마음의 자석』 중에서

사람들은 때로는 이해할 수 없는 행동을 합니다. 고통스러운 기억을 떠올리게 하는 물건들을 버리지 않고 그대로 내버려 두는 것입니다. 그 물건을 볼 때마다 슬프고 마음이 아프면서도 그것을 버리지 못하고 그대로 내버려 둡니다. 그리고 다른 사람들에게 자신의 그 기억들을 아름답게 포장하려고 합니다. 하지만 이것은 자신을 가련하게 여기고 싶어 하는 자기 연민의 한 방법일 뿐입니다.

불필요한 물건들, 안 좋은 감정에 빠져들게 하는 물건들과 결별하세요.

나를 변화시키는 하루 확언
나는 불필요한 물건들, 부정적인 감정을 불러일으키는 것들과 결별한다.

긴 여행을 즐겨라

인생에서 목표로 삼아야 할 것은 두 가지다.
하나는 원하는 바를 이루는 것이고,
또 하나는 성취의 과정을 즐기는 것이다.
오직 현명한 사람만이 두 가지 모두를 이뤄낸다

로건 피어솔 스미스

성공하기 위해서는 자신이 세운 목표를 이뤄내야 하겠지만 목표를 성취해야만 행복할 수 있다면 매번 새로운 목표를 세울 때마다 다시 불행해질 것입니다.

인생은 한 걸음 한 걸음 음미하며 걷는 여행과 같습니다. 살아간다는 것 그 자체를 즐기세요. 꿈을 향해 달려가는 긴 여행을 즐기는 법을 배우세요.

나를 변화시키는 하루 확언
나는 내 목표를 반드시 성취할 것이다.
하지만 나는 우선 행복한 마음을 간직한다.

즐거운 것처럼, 행복한 것처럼

행동이 감정을 따르는 것 같지만 행동과 감정은 병행된다.
따라서 우리의 의지보다 직접적인 통제를 받고 있는 행동을 조정함으로써, 의지의 직접적인 통제 하에 있지 않은 감정을 간접적으로 조정할 수 있다. 만일 유쾌한 상태가 아니더라도 기분을 유쾌하게 만드는 최상의 방법은
유쾌한 사람인 것처럼 행동하고 말하는 것이다.

윌리엄 제임스

우울하다고 우울한 감정을 표정으로 드러내지 마세요. 부정적인 감정은 표현하고 드러낼수록 불쾌감의 강도가 더 심해지기 마련입니다. 슬프고 힘든 일들만 계속 생각하고 표현하면 오히려 비슷한 일들만 더 끌어당길 뿐입니다.

없는 것을 있는 것처럼 생각하고 행동하면 자신이 원하는 그것이 생긴다는 말이 있습니다.

즐거운 것처럼, 기쁘고 행복한 것처럼 생각하고 느낀다면 곧 즐겁고 행복한 날이 찾아올 것입니다.

나를 변화시키는 하루 확언
나는 부정적이고 우울한 감정에 정신을 빼앗기지 않는다.
나는 항상 즐겁고 행복한 감정을 유지한다.

사소한 호의를 베풀자

너그러운 사람에게는 은혜를 구하는 자가 많고
선물주기를 좋아하는 자에게는 사람마다 친구가 되느니라.

잠언 19장 16절

한 실험에 의하면 계산서를 건네며 사탕을 함께 준 웨이터가 그렇지 않은 웨이터보다 23% 더 많은 팁을 받았다고 합니다. 이 실험 결과가 보여주는 것은, 사람은 작은 호의를 베푸는 사람에게 호의적으로 마음이 움직인다는 것입니다.

다른 사람을 위해 호의를 베풀면 종종 그것보다 훨씬 많은 것이 되돌아오게 됩니다. 하지만 남을 돕기 위해 너무 과도한 노력을 기울인다면 상대방은 그것을 갚아야 한다는 부담 때문에 오히려 불편해 할 수도 있습니다.

상대방에게 부담을 주지 않을 만큼의 작은 호의를 정성을 담아 베푸세요. 아주 작은 배려만으로도 다른 사람의 마음과 도움을 얻을 수 있습니다. 사소한 호의를 진정성이 담겨있는 마음으로 자주 베풀도록 노력하세요.

나를 변화시키는 하루 확언
나는 부담을 주지 않을 만큼의 호의로 최대의 효과를 거둔다.
나는 진정한 마음으로 호의를 베풀어 기대 이상의 도움을 얻는다.

지금 당신이 할 수 있는 것을 하라

뒤로 물러설 수 없는 상황에서 사람들은 두 가지 선택을 한다.
하나는 나아가는 것이고, 또 하나는 물러서는 것이다
사람의 됨됨이는 이 순간에 구분된다.
어디로도 물러설 곳이 없는 벼랑 끝에 자신을 세워라.
그것은 자신에게 마지막 남은 희망과 기회의 중요성을 다시금 깨닫게
하여 세상을 긍정적으로 볼 수 있게 해준다.

우장흥, 『어머니의 편지』 중에서

절체절명의 순간, 당신이 할 수 있는 유일한 일은 지금 어떻게 살 것인지 결정하는 것뿐입니다. 당신이 선택할 수 없는 혹은 이미 돌이킬 수 없는 일을 두고는 아무리 고민해 보아도 전혀 소용이 없습니다. 이제부터 어떻게 해야 할지, 무엇부터 해야 할지를 생각해야 합니다.

당신이 선택할 수 없는 것에 당신의 힘을 쓸데없이 집중하지 마세요.

오직 당신이 지금 할 수 있는 것, 당신이 선택할 수 있는 것에 당신의 온 힘을 쏟으세요.

나를 변화시키는 하루 확언
나는 내가 할 수 없는 것에 관심을 두지 않는다.
나는 이제부터 내가 할 수 있는 것을 선택하고 그것에 집중한다.

조금 늦는 것이
오히려 축복일 수 있다

오래 엎드려 있던 새는 반드시 높이 날고
먼저 핀 꽃은 홀로 일찍 진다.

『채근담』 중에서

    항상 내가 원하는 시기에 내가 원하는 대로 이루어져야만 최고의 결과가 만들어지는 것은 아닙니다. 조금 늦는 것이 오히려 더 큰 성공을 만들어 낼 때가 있습니다.

    집착과 조급증을 버리고 조금 더 여유를 가지세요. 언제 어떻게 이루어지는지에 관계없이 당신에겐 항상 기대 이상의 행운과 최고의 성공이 찾아갈 것입니다.

나를 변화시키는 하루 확언
지금 이 순간 내게 다가올 축복이 점점 더 커지고 있다.
이제 곧 나를 위한 선물이 도착할 것이다.

귀찮은 일을 먼저 처리하자

잠들기 전에 마음속으로 귀찮은 일 한 가지를 정하라.
그리고 다음날 일어나자마자 그 일을 해치워라.
하기 싫었던 한 가지 일을 해냈다는 성취감에
하루를 시작하는 그날의 에너지와 활력을 얻을 것이다.

호어스트 에버스, 『세상은 언제나 금요일은 아니지』 중에서

귀찮은 일을 언제까지 뒤로 미룰 생각인가요?

미뤄두어서 아직 처리하지 못한 일들을 종이 위에 적어보세요. 그리고 지금 당장 시작할 수 있는 일들부터 하나씩 처리하세요.

그렇게 모든 일을 다 해결하고 나면 아마 당신은 '왜, 이걸 진작 처리하지 않았지'하고 의아해 할 것입니다.

나를 변화시키는 하루 확언
지금 종이 위에 미뤄두었던 '귀찮은 일' 목록을 적어보세요.
그리고 가장 쉬운 것부터 하나씩 처리해 보세요.
의외로 빠른 시간 안에 모든 일들을 처리할 수 있을 것입니다.

행복했던 순간들을 추억하라

행복한 추억이야말로 행복한 삶의 소중한 재료다
우리의 정서는 이 재료를 통해 삶이라는 시를 짓는다.

루트비히 판 베토벤

가끔씩 과거의 추억들을 떠올려 보세요.

작은 일에도 감사하고 별것 아닌 일에도 해맑게 웃었던 그때를 떠올려 보세요.

무엇을 해도 행복하기만 했던 시절을 떠올려 보세요.

어린아이의 순수한 마음을 지녔던 시간들을 생각해 보세요.

나를 변화시키는 하루 확언

인생에서 가장 행복했던 순간들을 떠올려 보세요.
그때 느꼈던 기분 좋은 감정들을 다시 느껴 보세요.

누구나 한 번쯤 밑바닥을 경험한다

어떤 책에선가
'아직 무엇인가 착한 일을 할 수 있는 한
인간은 스스로 제 삶을 포기해서는 안 된다'는
그 구절을 읽지 못했더라면
나는 이미 이 세상 사람이 아니었을 것이다.

루트비히 판 베토벤

누구나 한 번쯤은 인생의 바닥을 칠 때가 있습니다.

'지금이 더 내려갈 곳도 없는 절망의 끝이구나.' 하고 느껴질 만큼 한 치 앞도 보이지 않아서 돌파구가 보이지 않을 때 우리는 모든 것을 포기해 버리고 싶은 생각에 사로잡힙니다. 하지만 영원한 어둠은 없습니다. 칠흑 같은 밤의 어둠도 고작해야 하루의 반도 버티지 못하고 밝은 햇살에게 어둠의 세상 자리를 내어 줍니다.

조금만 더 기다리세요. 모든 일에 시작과 끝이 있듯이, 절망의 끝에 다다랐다면 이제 곧 새로운 시작이 다가올 것입니다.

나를 변화시키는 하루 확언
영원한 어둠은 없다.
나는 어떤 시련 속에서도 꿋꿋이 모든 어려움을 이겨내고
새로운 밝은 날을 맞이할 것이다.

자신의 부족함을 인정하라

누구라도 나에게 충고를 해주고 결점을 적절하게 지적해주는 사람이 있다면
그 사람이야말로 나의스승으로서 존경해야할 사람인 것이다.

순자

세상에 완벽한 사람은 없습니다. 누구나 부족한 점이 있고 개선해야 할 단점이 있습니다. 그것은 누구나 마찬가지이며 결코 부끄럽거나 자존심이 상하는 일이 아닙니다.

누군가 당신의 부족한 점을 지적한다 해도 얼굴을 붉히거나 그를 원망하지 마세요. 이제라도 당신의 단점을 발견한 일을 기쁘게 생각하세요. 겸허하게 자신의 모자란 점을 인정하고 순수하게 받아들이세요. 먼저 스스로 인정한 다음에야 부족한 점을 채울 수 있고 고쳐야할 단점들을 개선할 수 있습니다.

나를 변화시키는 하루 확언
나는 나의 부족하고 모자란 점을 겸허하게 인정한다.
나는 더욱 노력하여 나의 부족함을 채우고 성장한다.

21일

좋은 습관이 몸에 익을 때까지는 21일간 의식적으로 노력을 기울여야한다.
사람의 생체 시계가 교정되는 데는 최소한 21일이 소요되기 때문이다.
21일은 생각이 대뇌피질에서 뇌간까지 내려가는데 걸리는 최소한의 시간이다.
생각이 뇌간까지 내려가면 그때부터는 심장이 시키지 않아도 뛰는 것처럼, 의식하지 않아도 습관적으로 행하게 된다.

정철희, 『21일 공부모드』 중에서

21일은 원하는 행동을 온전히 자신의 습관으로 만드는 데 걸리는 시간입니다. 어떤 일이든 처음엔 힘들겠지만 21일만 꾸준히 실천할 수 있다면 좋은 습관을 몸에 익힐 수 있습니다.

인내심을 발휘하여 21일만 좋은 습관이 자신의 몸에 온전히 스며들 수 있도록 실천해 보세요. 분명 당신의 몸은 스스로도 깨닫지 못하는 사이에 새로운 좋은 습관을 자신의 습관으로 받아들일 것입니다.

나를 변화시키는 하루 확언
어떤 행동을 습관화 하는데 걸리는 시간은 고작 21일이다.
나는 어떤 힘든 일이라도 적어도 21일은 꾸준히 실천한다.

진짜 어른이 되자

미성년의 원인은 이성이 부족한 데 있는 게 아니다.
자기 스스로 생각하려는 결단과 용기가 부족한데 있다.

임마누엘 칸트

아무것도 스스로 선택하지 못하고 무엇을 하든 남에게 의지
하려고만 하는 사람은 어른이라고 할 수 없습니다.

스스로 선택하고 책임지는 어른이 되세요. 남들이 정해주는
대로 살지 말고 자신이 선택한 모습대로 삶을 살아가세요. 자
신의 삶을 스스로 책임지는 진짜 어른이 되세요.

나를 변화시키는 하루 확언
나는 스스로 선택하고 모든 것을 책임진다.
나는 내 인생을 책임지는 어른이다.

자신을 용서하라

과거나 미래에 집착해서, 자신의 삶이 손가락 사이로 빠져나가게 하지
말라. 오늘의 삶이 내일의 삶과 다른 것처럼 모든 나날을 온전히 특별한
삶으로써 사는 것이다.

더글러스 대프트

오직 현재에만 몰두하세요. 우리는 똑같은 강물에 두 번 몸
을 담글 수 없습니다. 끊임없이 새로운 강물이 들어오기 때문
입니다. 인생도 마찬가지입니다. 과거의 실수와 잘못한 일들
을 언제까지 품고 있을 것입니까?

이제 스스로를 괴롭히는 자기 학대를 멈추세요. 이미 끝나
버린 일들을 가지고 언제까지 자신을 몰아세울 생각입니까?

이미 지나간 것은 시간의 흐름 속에 소멸되어 버린 일들입
니다. 당신이 살아가는 시간은 바로 지금입니다.

당신은 충분히 괴로워했습니다. 죄의식이나 비참함을 곱씹
는 일은 이제 그만 하세요. 이제는 자신을 위해 과거의 악몽 같
았던 일들에서부터 자신을 용서하고 자유롭게 놓아 주세요.

나를 변화시키는 하루 확언
내 모든 과거의 잘못과 실수들은 이미 끝난 일이다.
나는 나를 스스로 용서하고 자유롭게 한다.
나는 이제 완전히 새로운 삶을 산다.

이미 이루어진 것처럼
생각하고 행동하라

성공은 마음가짐의 문제다. 진심으로 성공을 원한다면
자기 스스로 이미 성공한 사람으로 생각하라.

조이스 브라더스

무언가를 얻고자 한다면 이미 그것을 소유하고 있다고 여기
세요. 무언가를 이루고자 한다면 이미 그것을 이루었다고 생
각하세요. 원하는 현실을 얻기 위해서는 당신의 마음속에서
먼저 그 모든 것이 현실이 되어야 합니다.

눈에 보이는 것이 없어도, 귀에 들리는 것이 없어도 어린아
이 같은 순수한 마음으로 이미 이루어졌노라고 말하고, 생각하
고, 반드시 이룰 수 있다는 믿음을 갖고 행동하세요. 아무런 근
거 없이도 이미 이루어졌다고 느낄 수 있다면 당신은 분명 그
것을 이루게 될 것입니다.

나를 변화시키는 하루 확언
내가 꿈꾸고 바라던 일들은 이미 이루어졌다.

낮아져야 할 때

나비로 변신하려면, 일단 번데기가 되어야 한다.
유충이 나비로 변신하기 전에는 번데기가 되어 존재를 감추는 법이다.
이처럼 인간들도 흐름을 바꾸고 싶을 때에는
이전의 자신을 바꾸기 위해 몸을 낮추는 것이 좋다.

후지하라 가즈히로, 『인생의 흐름을 바꾼다』 중에서

목표를 이루기 위해서 자존심을 굽히고 낮아져야 할 때가 있습니다. 때로는 스스로도 비참함을 느낄 때도 있습니다. 그럴 때에는 작은 일에도 괜히 서글퍼지고 감상에 젖어들기 마련입니다. '어쩌다 내가 이렇게까지 되었나, 이 일을 꼭 해야 하나.' 하는 생각이 들기도 합니다.

하지만 목표를 이루기위해서 겪어야 할 일이라면 당연한 일로 받아들이고 감내하세요.

아무나 승리의 면류관을 차지할 수는 없습니다. 비참함에 처해보고 낮아짐을 이겨낸 사람만이 승리의 자격을 갖춘 사람이 될 수 있습니다.

나를 변화시키는 하루 확언
나는 목표를 이루기위해서 겪어야 하는 모든 낮아짐을 이겨낸다.
나는 어떤 비참함 속에서도 결코 꿈을 포기하지 않는다.

내면에 강력한 에너지를 채워라

내가 오래 살면 살수록 더욱 확신을 갖게 되는 것은
사람들 사이의 차이점은 에너지이며,
그 에너지는 지구상에서 이루어질 수 있는 것이면 무엇이든지 이룰 수
있으며, 그것이 없이는 어떤 재능도, 어떤 환경도, 어떤 기회도
인간을 인간답게 만들 수가 없다.

찰스 북 스톤

약한 사람과 강한 사람의 차이점, 비천한 사람과 위대한 사람의 차이점은 바로 에너지의 양입니다.

에너지가 충만한 사람이 되세요. 남들로부터 에너지를 받는 사람이 아니라 다른 사람들에게 에너지를 주는 사람이 되세요. 스스로 에너지를 발전하고 생산하는 사람이 되세요.

강력한 에너지는 당신에게 힘과 용기를 주고 꿈을 향한 열정을 유지시켜줄 것입니다.

나를 변화시키는 하루 확언
나는 항상 에너지가 넘친다.
나는 누군가의 도움 없이 스스로 에너지를 생산하는 사람이다.

감정이 앞설 때를 조심하라

화났을 때,
입을 열면 최고의 연설을 할 수는 있겠지만
그렇다면 나중에 후회할 것이다.

엠브로즈 비어스

인간관계에서 감정이 앞서게 되면 이성을 잃고 합리적인 판단을 하지 못하게 됩니다. 사람과의 사이가 나빠지거나 목표를 성취할 좋은 기회를 놓칠 수도 있습니다.

감정이 앞설 때를 조심하세요. 특히 화가 났을 때에는 차라리 아무것도 하지 않는 것이 후회할 일을 만들지 않습니다.

나를 변화시키는 하루 확언
나는 감정이 고조되었을 때 가장 조심한다.
나는 화가 났을 때에는 모든 행동을 멈추고 평정심을 찾을 때까지 기다린다.

재충전의 시간을 갖자

동기는 두뇌를 위한 식량과 같다.
한 차례의 식사로 충분한 영양을 섭취할 수 없듯이
두뇌 역시 지속적이고 정기적인 리필을 필요로 한다.

피터 데이비스

일에 지쳐버린 많은 사람들은 자기 자신에게 조금의 시간조차도 배려해 주지 않습니다. 일을 잠시 멈추고 자신들의 영혼이 따라올 시간을 주세요. 자신에게 여유를 가질 수 있는 시간을 주는 일은 단순하면서도 정말 꼭 필요한 일입니다.

모든 일을 잠시 내려놓고, 더 나은 성장을 위한 에너지를 재충전하세요.

나를 변화시키는 하루 확언
나는 쉼 없이 일할 수 있는 기계가 아니다.
효율적인 성장을 위해 재충전이 필요하다고 생각되면 과감히 휴식을 취한다.

다시 시작하자!
아직 끝나지 않았다

인생의 목적은 완전하게 태어나는 것이다.
살아간다는 것은 매 순간 다시 태어나는 것이다.

에리히 프롬

    살아있는 한 언제든지 다시 시작할 수 있는 기회가 있는 것입니다. 매 순간, 당신은 다시 태어날 수 있습니다. 당신이 얼마나 많은 실수와 잘못을 저질렀고 실패를 거듭했는지는 중요하지 않습니다. 중요한 것은 여전히 당신에게는 충분한 기회가 있다는 사실입니다.

    실패했다면 다시 시작하세요. 당신이 살아 있는 한, 삶이란 아직 끝나지 않은 현재진행형입니다.

나를 변화시키는 하루 확언
고작 몇 번의 실패에 체념하고 주저앉지 말자.
내가 살아있는 한, 언제든지 다시 시작할 기회가 있는 것이다.

매 순간을 충실히 살자

출발은 같았지만 세월이 흐른 후에 보면
어떤 이는 성공했고 어떤 이는 낙오되어 있다.
이 두 사람의 거리는 좀처럼 가까워질 수 없게 되었다.
그것은 하루하루 주어진 시간을 얼마나 잘 활용했느냐에 달려있다.

벤저민 프랭클린

시간이 언제나 당신을 기다리고 있다고 생각한다면 정말 오산입니다. 천천히 걸어도 언젠가 목적지에 도달할 것이라는 생각은 너무나 안이한 생각입니다. 하루하루 최선을 다하지 않고는 그날그날의 보람이 없을 것이며, 결국 목표에 도달할 수 없을 수도 있습니다.

하루를 충실히 사는 것은 미래에 대한 준비이자 가능성입니다. 매 순간 최선을 다하세요. 당신에게 주어진 시간들을 성실함으로 채우세요.

성공은 특별한 단 하루에만 있는 것이 아닙니다. 최선을 다한 하루, 그 자체로 성공적인 하루를 산 것이며, 성공은 그 모든 하루하루의 총 집합입니다.

나를 변화시키는 하루 확언
나는 매일 최선을 다해 충실한 삶을 산다.
나는 매일 성공적인 하루를 산다.

어설픈 준비는 화를 부른다

행운을 움켜쥐려면 미리 준비를 해야 한다.
행운을 맞이할 준비는 자기 자신밖에 할 수 없다.

알렉스 로비라, 『준비된 행운』 중에서

무엇을 목표로 하든 확실하게 준비하십시오.

당신이 최고를 목표로 하지 않는다하여 적당한 수준으로 준비한다면 반드시 큰 낭패를 볼 것입니다. 그냥 이기는 것이 아닌 압도적인 승리를, 그저 그런 것이 아닌 최고를 목표로 하는 마음으로 준비하세요.

어설픈 준비는 반드시 화를 부른다는 것을 명심하세요.

나를 변화시키는 하루 확언
나는 무엇을 목표로 하든 항상 최선을 다해 완벽하게 준비한다.
오늘의 빈틈없는 준비는 내일의 승리를 보장할 것이다.

냉철하게 판단하라

일을 하는데 감정이 작용하게 되면, 공정함을 잃게 된다.
처음에는 약간의 차이가 날 뿐이지만
끝에 가서는 성인과 광인으로 갈리게 된다.

서경덕, 조선중기 유학자

　일을 처리함에 있어 이성보다 감정이 앞서게 되면 반드시 문제가 생기게 됩니다. 감정에 휩쓸려서 냉정함을 잃은 사람은 반드시 보아야 할 부분을 보지 못해서 결국 그릇된 판단을 내리게 됩니다.

　어떤 경우에도 냉정함을 유지하도록 노력하세요. 설령 마음이 불안정하고 불필요한 감정들이 휘몰아친다 하더라도 냉철하고 명확하게 상황을 분석할 수 있도록 이성의 끈을 단단히 붙잡고 있어야 합니다.

나를 변화시키는 하루 확언
나는 어떤 상황에서도 감정에 휩쓸리지 않는다.
나는 언제나 냉철하고 정확하게 판단한다.

성공의 흐름에 몸을 맡기자

흐름을 거스른다는 것, 그것은 무리한 일이다.
흐름에 몸을 맡기면 아무리 약한 사람도 기슭에 닿는다.

미겔 데 세르반테스

당신은 분명 원하는 목표를 이룰 것이며 반드시 행복한 인생을 살아갈 것입니다. 하지만 그 과정은 당신의 뜻대로 할 수 없습니다. 성공하는 인생은 내가 원하는 방식대로 내가 원하는 과정만을 거칠 수는 없기 때문입니다. 모든 것을 내가 원하는 대로 조종하려 하지 마세요. 그럴 수도 없거니와 그렇게 된다면 아마 당신은 결과적으로 실패할지 모릅니다.

행복한 삶에 대한 믿음, 이미 원하는 것을 얻었다는 확신을 가지고 성공의 흐름에 자연스럽게 몸을 맡기세요. 내면의 믿음이 만들어 내는 인생의 흐름에 의지하여 편안한 마음으로 따라 가세요. 흐름의 끝에서 반드시 당신이 기대하던 이상의 것을 얻을 수 있을 것입니다.

나를 변화시키는 하루 확언
나는 모든 것을 내가 원하는 대로 조종하려 하지 않는다.
나는 성공의 흐름을 타고 자연스럽게 원하는 것을 얻는다.

힘들 때에도 웃을 수 있는 사람

인생이 자신의 뜻처럼 잘 흘러갈 때에는 명랑한 사람이 되기 쉽다.
그러나 진짜 가치 있는 사람은 힘들 때에도 웃는 사람이다.
엘라 휠러 윌콕스

인생이 순조롭게 흘러갈 때에는 누구나 웃을 수 있고 친절할 수 있습니다. 하지만 계획했던 일들이 하나씩 어긋나기 시작할 때에도 웃을 수 있는 사람은 드뭅니다.

어려울 때에도, 정말 힘들 때에도 웃을 수 있는 사람이 되세요. 표정에 당신의 고난을 나타내기보다는 역경 속에서도 긍정적인 모습을 지니도록 하세요.

비록 지금은 가슴 아픈 웃음일지라도 언젠가는 그 웃음이 진실로 행복한 웃음이 될 것입니다.

나를 변화시키는 하루 확언
힘들고 어려울수록 웃음을 잃지 말자.
내 얼굴에 고난과 아픔이 아닌 웃음과 긍정적인 표정을 그리자.

마음에서 먼저 승리하자

길은 가까운 곳에 있다. 그런데도 사람들은 헛되이 먼 곳을 찾고 있다.
일이란 해보면 쉬운 것이다.
시작을 하지 않고 미리 어렵게만 생각하고 있기 때문에
할 수 있는 일들을 놓쳐버리는 것이다.

맹자

목표를 성취하거나 문제를 해결하기 위해서는 가장 먼저 마음에서부터 승리해야 합니다. 마음에서부터 패배한 사람이 현실에서 승리할 수는 없습니다.

마음의 눈을 통해 목표를 성취한 자신을 꿈꾸세요. 문제를 멋지게 해결한 자신을 바라보세요. 마음에서 승리할 수 있다면, 목표를 성취하고 문제를 해결한 자신의 모습을 상상할 수 있다면, 현실에서도 분명 목표를 이루어낼 수 있을 것입니다.

나를 변화시키는 하루 확언
지금 목표로 하거나 겪고 있는 문제가 있다면
목표를 성취하고 문제를 해결한 자신을 상상해 보세요,
마치 실제로 이루어진 것 같은 기분에 도취되어 보세요,

단순화하라

성공의 비결은 시작에 있다.
시작의 비결은 질리도록 복잡한 일이라도,
감당할 수 있을 정도의 작은 조각으로 나누어서
첫 조각부터 일단 시작하는데 있다.

마크 트웨인

여러 가지 일이 복합적으로 얽혀 있는 목표나 문제들은 좀 처럼 성취하거나 해결하기가 어렵습니다. 하지만 아무리 어려운 일이라도 결국은 단순한 여러 가지 문제들이 뒤섞여 있는 것에 지나지 않습니다. 작은 조각들로 분할하여 단순화시켜 한 번에 하나씩 해결해 나가면 어떤 문제라도 해결될 수밖에 없습니다.

복잡한 문제는 잘게 나누어 단순화하여 한 번에 하나씩! 해결해 나가는 것, 꼭 잊지 마세요.

나를 변화시키는 하루 확언
나는 어떤 문제라도 해결할 수 있다.
나는 복잡한 문제들은 잘게 나누어 단순화시킨다.
나는 한 번에 하나씩 해결해 나간다.

이미 당신의 것이다

그러므로 내가 너희에게 말하노니
무엇이든지 기도하고 구하는 것은 받은 줄로 믿으라.
그리하면 너희에게 그대로 되느니라.

마가복음 11장 24절

무엇을 원하든 그것을 이미 가졌다고 생각하세요. 무엇을 꿈꾸든 이미 모든 것이 이루어졌다고 생각하고 말하세요.

무엇을 꿈꾸고 있나요?

원하는 것이 무엇입니까?

어떤 인생, 어떤 삶을 상상하나요?

이루지 못할 것이라고 생각하여 걱정하고 두려워하지 마세요. 그것이 무엇이든 이룰 수 있을 것이라는 믿음으로, 반드시 원하는 목표를 성취할 당신 자신을 향해 달려가세요.

나를 변화시키는 하루 확언
내가 꿈꾸는 것들은 이미 이루어졌다.
나는 모든 것을 이미 성취했다.

좋은 습관을 얻고 싶거든
반복하라

모든 습관은 꾸준한 노력에 의해 굳어진다.
잘 걷는 습관을 기르기 위해서는 자주, 많이 걸어야 한다.
잘 달리기 위해서는 많이 달리는 것이 필요하다. 잘 읽게 되려면 많이 읽어야 한다.
지금까지 습관이었던 것을 중단하면 그 습관은 쇠퇴한다.
그러므로 그대가 어떠한 습관을 얻고자 한다면
그것을 많이, 그리고 자주 되풀이하는 것이 필요하다.

에픽테토스

    모든 능력은 투자한 시간에 비례하여 성장합니다. 아무리 재능이 있다 하더라도 유용한 에너지와 시간을 투자하지 않고서 뛰어난 능력을 얻을 수는 없습니다.

    충분한 시간을 투자하여 반복하고 또 반복하세요. 익숙해지고 능숙해짐을 넘어 정말 지겹다고 느껴질 때까지 반복하고 또 반복하세요. 어느 순간 당신 자신도 모르게 자연스러워질 것입니다.

나를 변화시키는 하루 확언
모든 능력은 투자한 시간에 비례하여 성장한다.
나는 충분한 시간을 투자하고 반복하여 뛰어난 능력과 실력을 갖춘다.

당신의 몸을 움직여라

슬픔을 치료하는 최고의 약이자 가장 확실한 약은 무엇인가를 하는 것입니다.

무엇인가를 한다는 것은 정신적, 육체적으로 움직인다는 의미입니다.

무기력 앞에 무릎 꿇지 않고 우울증에 빠지지 않는 것입니다.

인생의 중력에 맞서는 사람이고, 슬픔에 대비하는 사람입니다.

항상 활기차게 무엇인가 할 일을 찾으십시오.

이름트라우트 타르, 『패퍼민트, 나를 향한 향기로운 위로』중에서

우울과 무기력이 당신을 괴롭힐 때 가만히 앉아있기만 한다면 고통은 끝나지 않을 것입니다. 무거운 다리에 힘을 주고 자리에서 일어나 몸을 움직이세요. 지저분한 방안을 깨끗이 청소하거나 미루어 두었던 빨래와 설거지거리들을 정리하세요. 가구의 배치를 바꾸거나 쇼핑을 하러 거리를 활보하는 것도 좋습니다.

당신의 마음이 우울해지지 않도록 열심히 몸을 움직이세요.

나를 변화시키는 하루 확언

지금 마음이 우울하고 괴로운가요?

지금 당장 당신이 할 수 있는 일들을 찾아 몸을 움직이세요.

우울함을 느낄 틈이 없도록 바삐 몸을 움직이세요.

시험을 이겨내자

목표를 이루겠다는 각오가
얼마나 단단한지, 절박한지를 보기 위해
우주는 우리를 시험한다.
조금만, 조금만 더 참고 견디면 된다.

앤드류 매튜스

    신은 당신이 정말 원하는 것을 가질 만한 자격이 있는지를 알기 위해 당신을 시험할 것입니다. 매 고비마다 당신을 무릎 꿇리려 할 것입니다. 목표에 가까워져 갈수록 더욱 어려운 시험들이 당신을 괴롭힐 것입니다. 힘들고 고통스러울지라도 끝까지 버텨내세요. 고난이 커질수록 끝이 얼마 남지 않았다는 것을 명심하세요.

    조금만 더, 조금만 더 인내하세요.

나를 변화시키는 하루 확언
고통이 커질수록 시험의 끝이 얼마 남지 않았다는 증거이다.
나는 신이 내게 내린 이 자격시험을 반드시 통과하겠다.

아직도 마지막 한 수가 남아 있다

어떤 분야에서든 성공과 가장 큰 상관관계를 갖는
품성과 개인적 자질을 꼽으라면
나는 끈질김과 결단력을 꼽고 싶다.
끝까지 해내려는 의지, 일흔 번 KO 당해도 다시 일어서서
"자, 일흔한 번째로 다시 한 번 붙어 볼까."라고 말하며 포즈를 취하는
굳센 의지야말로 성공의 모든 것이다.

리처드 M. 디보스

여전히 당신이 할 수 있는 것이 단 하나라도 남아 있나요?

그렇다면 아직 끝이 아닙니다. 당신이 가진 모든 열쇠를 사용하기 전에는 어떤 기회의 문이 열릴지는 누구도 알 수 없습니다.

당신의 손에 쥐어진 모든 열쇠를 시용해 보기 전에는 결코 포기하지 마세요.

당신은 아직도 마지막 한 수를 쥐고 있습니다.

나를 변화시키는 하루 확언
내가 할 수 있는 일이 하나라도 남았다면 나는 절대 포기하지 않을 것이다.
내 마지막 열쇠는 아직도 내 손에 있다.

자신에게 불필요한 것을
가지치기 하라

예술가는 모든 불필요한 것들을 제거해 나가며
그 밑에 숨겨져 있는 참된 의미를 선명하게 진술해 내야 한다.

앨프리드 스티글리츠

과일나무는 쓸모없고 병든 가지를 제대로 처내주지 않으면 좋은 열매를 맺을 수 없습니다. 사람 또한 인생의 불필요한 부분들을 제거해 주지 않으면 알찬 결과를 기대할 수 없습니다.

열등감, 타인의 평가에 대한 두려움, 불필요한 관심사 등을 비롯한 당신에게 불필요한 가지들을 제거하세요. 당신의 에너지를 약화시키는 방해물들을 과감히 잘라내세요. 자신에게 해가 되는 요소들을 스스로 가지치기를 하는 사람이 좋은 결과를 얻을 수 있습니다.

나를 변화시키는 하루 확언
당신의 관심사, 당신이 중요하게 여기는 활동,
당신의 성격이나 자주 느끼는 감정들을 적어 보세요.
기록한 것들 중, 강화시켜야 할 것과 제거시켜야 할 것들을 분류하세요.
그런 후, 강화시킬 것은 강화하고, 제거할 것은 제거하세요.

눈에 보이지 않아도,
귀에 들리지 않아도

애벌레 속에는 훗날 나비가 되리라는 것을 전해줄 만한
그 무엇도 들어있지 않다.

리처드 더크민스 터플러

목표가 반드시 이루어질 것이라는 믿음을 갖는 일은 생각보다 쉬운 일이 아닙니다. 심지어 아무런 가능성도 보이지 않고 그 어느 누구도 꿈을 이룰 수 있을 것이라고 말해주지 않는다면 점점 더 자신감을 잃어가게 됩니다. 하지만 기억하세요. 당신의 가능성, 당신의 잠재력은 다른 사람에게도 또한 당신에게도 쉽게 발견되어지는 것이 아닙니다.

눈에 보이지 않아도, 귀에 들리는 것이 없어도 순수한 믿음을 갖고 행동하는 사람만이 삶 속에서 자신의 가능성과 잠재력을 확인할 수 있습니다.

아무도 당신의 편이 되어 주지 않아도 좋습니다. 하지만 당신만은 목표가 이루어질 것이라고, 어린아이 같은 마음으로 믿으세요.

나를 변화시키는 하루 확언
아무런 증거가 없어도 어느 누구도 나를 지지해 주지 않아도
나만큼은 나 자신을 믿자.

365 매일매일 당신의 꿈을 응원합니다